見るだけで脳がよくなる

10秒間こども瞬読ドリル

しゅんどく

山中恵美子

ダイヤモンド社

瞬間的に判断して、答えを出す習慣が身につきそう

集中していないと解けないため、頭に入ってくる感じがする

答えの理由がいろいろ考えられて面白い！

楽しく学べるのがいい。遊びながら自然に力がつきそう

親子で体験！リアルな声を

文字だけでなく、イラストの問題、計算問題がよかった

こどもの将来にプラスになると感じた

とっても楽しい！笑顔で遊びました

宿題が好きではないこどもが集中して取り組んでいた姿が印象的だった

イラストがかわいくて、わかりやすくて楽しめた！

即断即決していく力が習得できそう

スピードを求められるのがいい

親子で取り組めるのもいいですね！

「間違っているかな？」と答えるのをやめてしまうのが減りそう

正解ではなく最適解を求められる時代にマッチしている

実際に、本ドリルを体験したこどもたち。
親の目にはどう映ったのでしょうか？

※2024/6/19ドリル体験会のアンケートより

集めました！

10秒のテンポがよかった！

間違いではなく、自分の考えが認められたみたいでうれしそう！

頭の中で連想する練習になる！

こどもの発想力の豊かさに気づけた

パッと見た情報を頭の中で処理する力が鍛えられる

はじめに

遊びながら解くだけで こどもの脳力が劇的にアップ！

みなさん、『10秒間こども瞬読ドリル』の世界へようこそ！「瞬読」とは、字の通り、「瞬間的に読むことができる」という意味です。それだけでなく、**覚えたことが記憶にしっかりと残る**、魔法のようなドリルです。

ただ、この「読む」は、文字を一字一句読むこととは違います。文字やイラストを一瞬で見て、イメージとしてとらえることを指します。人間の脳は、イメージで覚えたことを長く記憶するという特性を持っているので、この「瞬読」式でインプットすると記憶する力が一気に上がります。

そして、一瞬でとらえたことを一瞬で言葉にして答えを出すのも、「瞬読」の大きな特徴。短い時間で答えを出すときに、人間の脳はフル回転で働きます。この**インプットとアウトプットの繰り返しによって、脳のあらゆる力がアップ**するのです。

この本は、幼稚園児から小学生低中学年くらいまでのこどもが対象です。２ページ10問の問題を、１問１秒、10秒でやるようにつくられています。「人間の集中力の継続時間は最大８秒」と言われているので、それにできるだけ近づけるように、モチベーションを保ちながら続けられるように10秒に設定しました。「1秒で答えるのなんて無理！」と思うかもしれませんが、このドリルは、**正しい答えを出すことが目的ではありません**。間違っても、わからなくても気にせず、1秒で答えを出すことを続けてください。ゆっくり考えればわかる問題もありますが、あえて短い時間でやることがポイントです。各問題には「こたえ」の欄がありますが、実際に書くのではなく、頭の中で、もしくは声に出して答えるようにしてください。

一瞬で答えを出そうとすると、まず集中力が身につきます。**イメージすることに慣れると記憶力も上がり、覚えたことを忘れにくくなります**。そして、**答えをパッと出したり、選んだりすることで、発想力が豊かになります**。

これからの勉強では、自分で一から答えを考える問題、なぜその答えなのか説明を求められるような問題がたくさん出てきますから、今のうちから鍛えておくと大きな強みになります。また、文字を並べ替えて言葉をさがすドリル、計算式を考えるドリルなどを通して、**国語や算数の力もついていきます**。

このドリルはひとりでやるのもいいですが、親子やきょうだい、友だちとやってほしいです。自分とは違う答えに触れると知識が増え、ひとりのときの何十倍も力がつきます。**ゲームのようにみんなで楽しみながら、いつのまにか、脳の働きが劇的によくなっている**はずですよ！

もくじ

登場キャラクター

えみちゃん

好奇心旺盛で、なんでもやってみたい！ お話が大好きな女の子。

やっくん

みんなをまとめる、しっかりもの。かけっこが得意。

しまくん

食べることが大好き。いつも元気いっぱい、みんなのムードメーカー。

ポンちゃん

いつも明るくて、算数が大好き。おっちょこちょいな一面も。

みーちゃん

思いたったらすぐ行動する。からだを動かすこと、ダンスが大好き。

むっくん

からだの動きは誰よりも遅いが、頭の回転は意外に早い。

うたくん

図鑑が大好きで、いつも持ち歩いている。ものしり博士。

バラバラになっている文字を並べ替えて言葉にしよう!

チャレンジするキミへ

例題を見て、下の４つのステップでやってみよう！

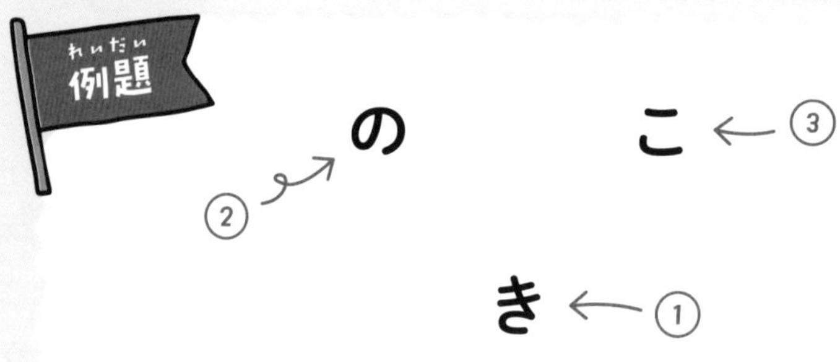

こたえ → きのこ

ステップ1
バラバラになっている文字があるね
ステップ2
3つの文字をパッと見て言葉にしよう
ステップ3
こたえはきのこだね！
ステップ4
頭の中できのこが出てくる絵を想像しよう！

おうちのかたへ

では、さっそく最初のドリルにチャレンジしてみましょう。左下の例題を見てください。囲みの中に、「の」「こ」「き」、ひらがなが3つ、入っています。このバラバラになっている文字の順番を並べ替えてみると、「きのこ」。そう、よく知っている食べ物の名前になりますね。

このように、バラバラになっている文字を並べ替えて、正しい言葉にしていきます。1問につき1秒で答えを出してみてください。お子さん自身が頭の中で「1、2……」と数えながらやってもいいですし、大人が横で数えてあげてもいいでしょう。このドリルは、瞬読のメソッドの中でも最もベーシックなもの。最初にこの**文字の並べ替えを瞬時にやることをマスターすると、判断力が養われ、集中力も自然と高まっていきます。**

また、このドリルは、1回だけでなく、何回かやることで力がつくようにつくられています。**1回目は、まず並べ替えをやってみましょう。**文字を1つずつ「読む」のではなく、全体をパッと「見る」のがコツです。できなくても、間違えてもいいので、「たぶんこうなんじゃないかな？」と思ったことを迷わずに声に出すのが大切です。**限られた時間の中で答えを出そうとすると、脳は高速回転で働き、それが最大の「脳トレ」になる**からです。

2回目は、頭の中で「絵」を思い浮かべてください。きのこだったら、しいたけ、しめじなど、パッと思いつくきのこの絵です。

3回目は、きのこの絵だけではなく、「家族できのこの入ったお鍋を食べている」「山にきのこ狩りに行った」など、きのこが出てくる場面を映像としてイメージします。「こんな場面があるよ」と教えてあげると、こどももイメージしやすくなるでしょう。**絵や映像を思い浮かべることで、発想する力がさらに身につきます。**

1問1秒！ 10秒チャレンジ

言葉さがし1

なにをなに、
面白そう！
やり終えたら
おやつ食べよう

バラバラになっている文字を
くっつけて言葉にしよう！

①

ん　か

み

こたえ
→ ＿＿＿＿＿＿＿＿

②

ズ

パ

ル

こたえ
→ ＿＿＿＿＿＿＿＿

③

ぐ

え　の

こたえ
→ ＿＿＿＿＿＿＿＿

④

が

ね

め

こたえ
→ ＿＿＿＿＿＿＿＿

⑤

く

え

つ

こたえ
→ ＿＿＿＿＿＿

⑥

ん　え

つ　ぴ

こたえ
→ ＿＿＿＿＿＿

⑦

ス

ー　ュ

ジ

こたえ
→ ＿＿＿＿＿＿

⑧

わ

ま

ひ

り

こたえ
→ ＿＿＿＿＿＿

⑨

う

ん

え

こ

こたえ
→ ＿＿＿＿＿＿

⑩

く

ふ　よ

う

こたえ
→ ＿＿＿＿＿＿

1問1秒！ 10秒チャレンジ

言葉さがし2

知っている言葉
がいっぱい！
本で読んだ
言葉もあるよ

バラバラになっている文字を
くっつけて言葉にしよう！

①

ツ　バ
ケ

こたえ
→ ______

②

ア
ラ
コ

こたえ
→ ______

③

ご
ん　は

こたえ
→ ______

④

カ　ハ
ン　チ

こたえ
→ ______

⑤

り

み　お

が

こたえ →

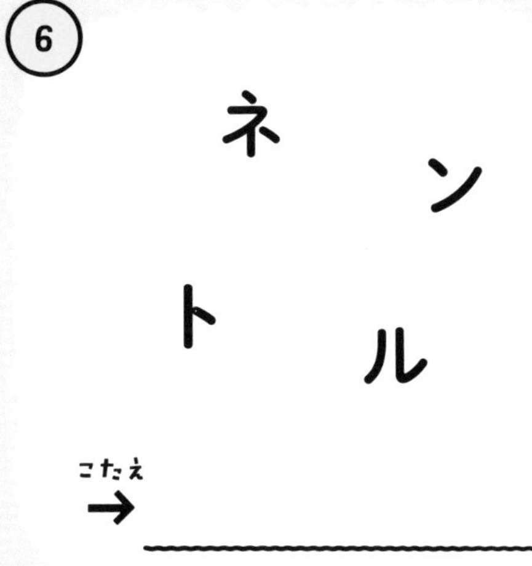

⑦

う

め

し

ぼ

こたえ →

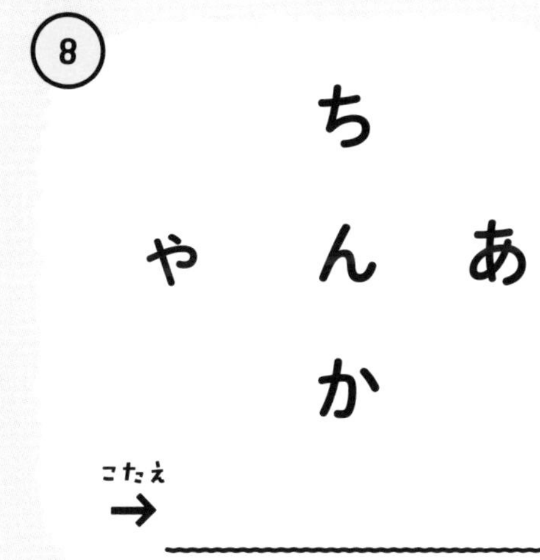

⑨

く　ぼ

ん

さ　ら

こたえ →

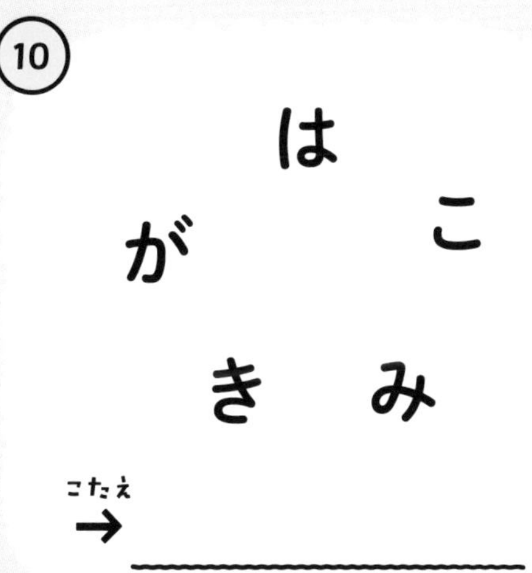

1問1秒！ 10秒チャレンジ

言葉さがし3

バラバラになっている文字を
くっつけて言葉にしよう！

①

み
が
か

こたえ
→ ＿＿＿＿＿＿＿＿

②

も
じ
み

こたえ
→ ＿＿＿＿＿＿＿＿

③

ー
ン　メ
ラ

こたえ
→ ＿＿＿＿＿＿＿＿

④

め
ま
あ
だ

こたえ
→ ＿＿＿＿＿＿＿＿

⑤

こ

い　お　づ

か

こたえ →

⑥

ん

て　し

ゃ　じ

こたえ →

⑦

ま　ぐ

あ

い

ら

こたえ →

⑧

ん

し　か　せ

ん　ん

こたえ →

⑨

し　か

ん

ん　ゃ

ら

こたえ →

⑩

ン

ド

ッ　イ

サ　チ

こたえ →

1問1秒！ 10秒チャレンジ

言葉さがし4

バラバラになっている文字を
くっつけて言葉にしよう！

①

し　い

の　し

こたえ
→ ＿＿＿＿＿＿

②

く

や　み

し

こたえ
→ ＿＿＿＿＿＿

③

う

よ

は

お

こたえ
→ ＿＿＿＿＿＿

④

イ

チ

ッ

ス

こたえ
→ ＿＿＿＿＿＿

⑤

と
べ　お　う
ん

こたえ
→ ＿＿＿＿＿＿＿＿

⑥

ご
き　　た
ま　や

こたえ
→ ＿＿＿＿＿＿＿＿

⑦

ち　　き
ば
う
え

こたえ
→ ＿＿＿＿＿＿＿＿

⑧

さ
い　か　け
く　ん

こたえ
→ ＿＿＿＿＿＿＿＿

⑨

う　　つ
い
か　　ま
ほ

こたえ
→ ＿＿＿＿＿＿＿＿

⑩

ゆ　ぎ
う　に
ゅ　う

こたえ
→ ＿＿＿＿＿＿＿＿

1問1秒！ 10秒チャレンジ

言葉さがし5

早くできるように
なってきた
頭がよくなって
いる証拠だよ

バラバラになっている文字を
くっつけて言葉にしよう！

①

カ

ニ　ス　ー

ー

こたえ
→ ＿＿＿＿＿＿

②

や

り　ぼ

ま　の

こたえ
→ ＿＿＿＿＿＿

③

た　き

ん

せ

く

こたえ
→ ＿＿＿＿＿＿

④

か

む

り

た

つ

こたえ
→ ＿＿＿＿＿＿

⑤

レ

イ　ス　カ

ー　ラ

こたえ
→ ＿＿＿＿＿＿＿＿

⑥

う　つ

き

ん　ど

ね

こたえ
→ ＿＿＿＿＿＿＿＿

⑦

い　ん

ね　い

せ　ち

こたえ
→ ＿＿＿＿＿＿＿＿

⑧

ず

ぼ　て

る

て　う

る

こたえ
→ ＿＿＿＿＿＿＿＿

⑨

ゃ　お

た　く　ま

じ　し

こたえ
→ ＿＿＿＿＿＿＿＿

⑩

し　ゃ

う

し

ぼ

う

ょ

こたえ
→ ＿＿＿＿＿＿＿＿

1問1秒！ 10秒チャレンジ

言葉さがし 6

バラバラになっている文字を
くっつけて言葉にしよう！

この問題は
ここがゴール！
文字がふえても
よめるね

①

も
し こ と
う ろ

こたえ →

②

ル ツ
パ
ナ イ
プ

こたえ →

③

じ
ん
う よ
び た

こたえ →

④

う
も
き ひ
こ ぐ

こたえ →

⑤

ま
う　ら
し
ろ　う
た

こたえ →

⑥

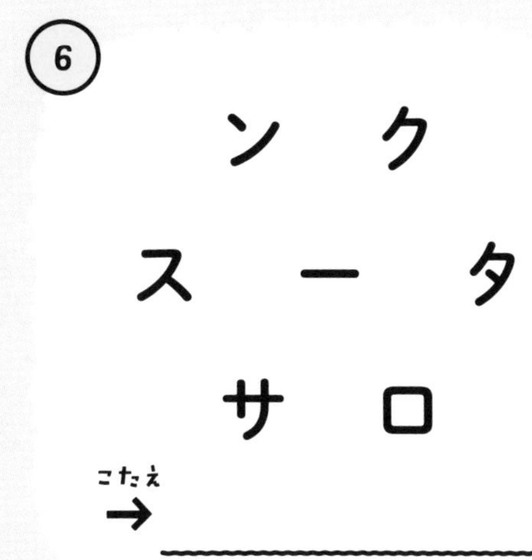

こたえ →

⑦

マ
ー
ル
ー
リ
ド
ゴ

こたえ →

⑧

ジ　ン
ュ
ス　オ
ー
レ　ジ

こたえ →

⑨

ゆ
ひ　ち
う　し
う　う
こ

こたえ →

⑩

ド　ラ
ウ　ー
ゴ
ン
ー
リ　メ

こたえ →

バラバラの文字を並べ替えて2つの言葉をさがしてみよう！

チャレンジするキミへ

例題を見て、下の４つのステップでやってみよう！

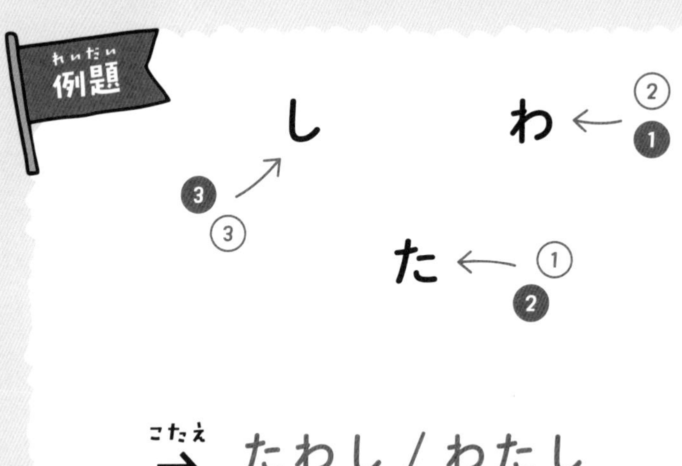

ステップ1
今度は
バラバラになっている
文字をよく見て
ステップ2
2つの言葉が
かくれているよ
ステップ3
「たわし」と
「わたし」だね
ステップ4
お話も
作ってみてね

おうちのかたへ

このドリルも、前のドリルと同じように、囲みの中にバラバラに文字があります。バラバラの文字を正しい順番に並べ替えるところまでは、同じです。でも、このドリルでは、もう1つ、やることがあります。文字の順番を再度変えて、別の言葉も見つけるのです。

例題には、「し」「わ」「た」の3つの文字がありますね。これを並べ替えると「わ」「た」「し」、「私」という言葉になります。そして、もう一度順番を入れ替えたら、「た」「わ」「し」、「たわし」という言葉にもなりますよね。こうやって、2つの言葉を見つけていきます。

では、何回かやってみましょう。**1回目は、1秒で2つの言葉を見つけます。** 前のドリルと同じく、間違えても、だいじょうぶです。**1秒で2つの言葉をさがすので、集中力がさらにアップします。** わからない言葉が出てきたら、大人が教えてあげるか、一緒に調べてみましょう。知っている言葉の数が増え、国語や漢字の勉強にもなります。なかには、3つ以上の言葉に並べ替えができるものもあるので、楽しみながら言葉をさがしてください。

2回目は、頭の中で「絵」を思い浮かべます。「私」だったら、「私の好きなもの」を思い浮かべてもいいですし、「たわし」なら、キッチンにたわしがある映像などでもいいでしょう。何回かやっていると答えを覚えてしまうかもしれません。そうしたら、「私がたわしを使ってお鍋を洗っている」のように、2つの言葉を結びつけてお話をつくってみましょう。大人が、「私はこんなお話ができたけれど、どんなことが浮かんだ？」とサポートしながら聞いてみてあげてもいいですね。**「絵」を思い浮かべるだけでなく、言葉にすることで、発想する力がますます上がっていきます。**

1問1秒！ 10秒チャレンジ

超言葉さがし1

バラバラの文字をくっつけて
2つの言葉を見つけてみよう！

2つの言葉、わかったぞ
ボクもわかったもんね

①

い　け

と

こたえ
→ ＿＿＿＿＿＿

②

ん

ぼ　た

こたえ
→ ＿＿＿＿＿＿

③

ん

ま

が

こたえ
→ ＿＿＿＿＿＿

④

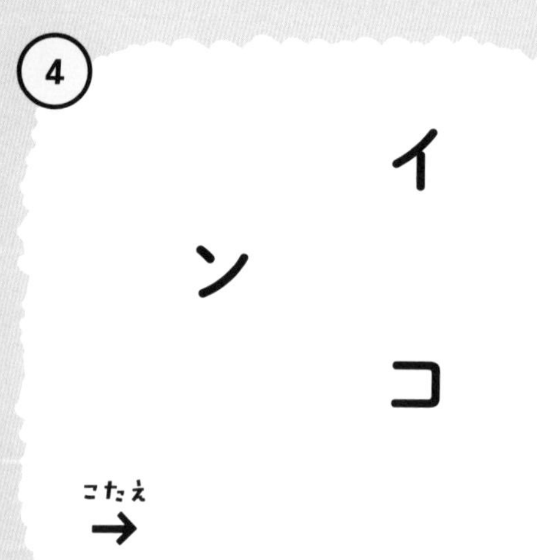

こたえ
→ ＿＿＿＿＿＿

⑤

る く

み

こたえ
→ ＿＿＿＿＿＿＿＿

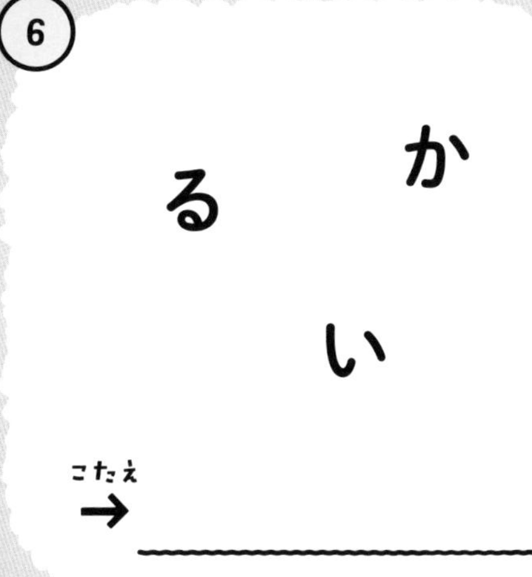

⑦

じ

ん
か

こたえ
→ ＿＿＿＿＿＿＿＿

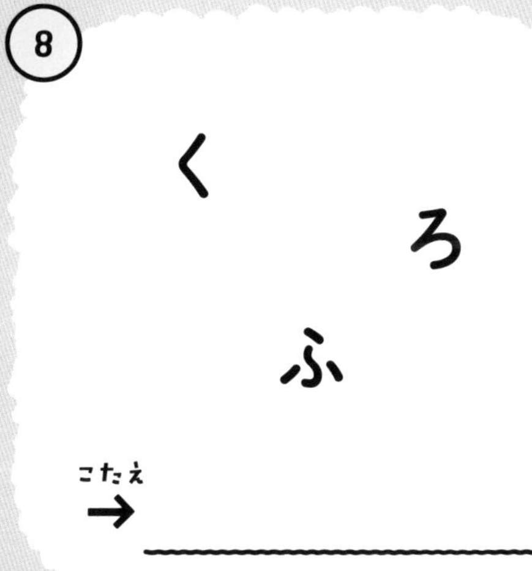

⑨

ん

き
げ

こたえ
→ ＿＿＿＿＿＿＿＿

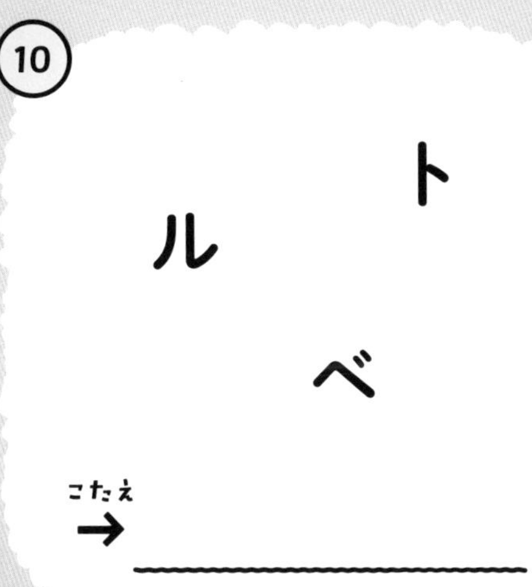

1問1秒！ 10秒チャレンジ

超言葉さがし2

バラバラの文字をくっつけて
2つの言葉を見つけてみよう！

お話をかんがえるのだいすき
どんな話か聞かせてね

①

い
せ
か

こたえ
→ ＿＿＿＿＿＿

②

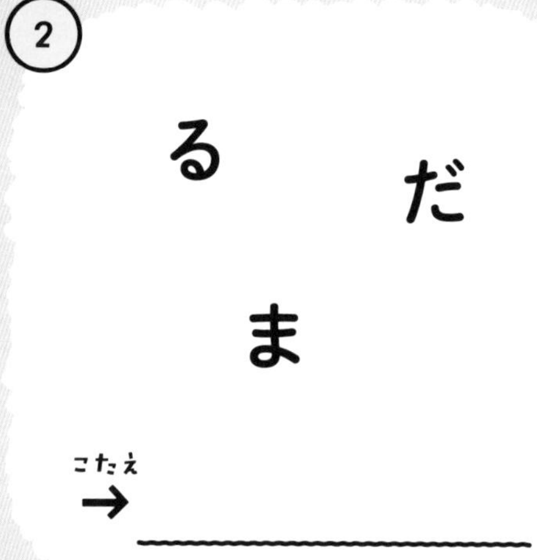

③

ら
く
い

こたえ
→ ＿＿＿＿＿＿

④

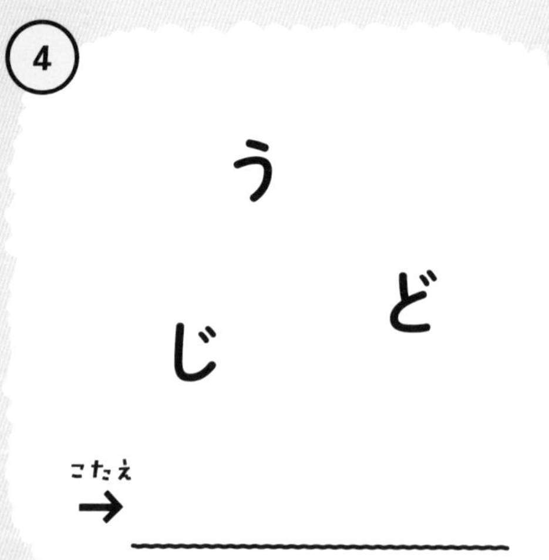

⑤

ご
ん
ぜ

こたえ →

⑥

ラ　ン
ド　ゴ

こたえ →

⑦

さ
さ　ま
か

こたえ →

⑧

ぎ
よ
じ
う

こたえ →

⑨

し
う
よ
が

こたえ →

⑩

ん
し
ん　ぶ

こたえ →

1問1秒！ 10秒チャレンジ

バンザーイ、
できた！
すぐに答えが
出るとうれしいね

超言葉（スーパーことば）さがし3

バラバラの文字（もじ）をくっつけて
2つの言葉（ことば）を見（み）つけてみよう！

①

く　と
う　ほ

こたえ
→ ______

②

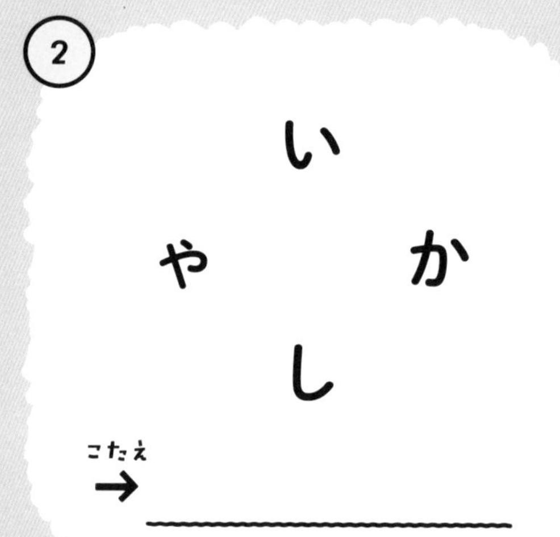

③

さ
か
ん
く

こたえ
→ ______

④

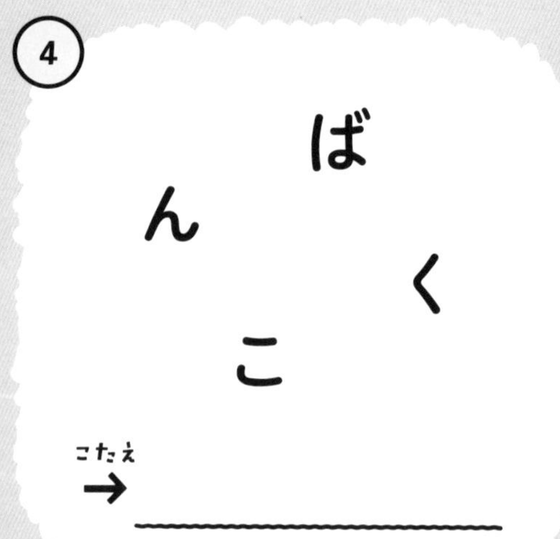

⑤

こ
く
う　う

こたえ
→ ＿＿＿＿＿＿

⑥

い　せ
か
い

こたえ
→ ＿＿＿＿＿＿

⑦

い
ろ
あ
い

こたえ
→ ＿＿＿＿＿＿

⑧

う
じ
に
ゅ

こたえ
→ ＿＿＿＿＿＿

⑨

タ
イ
ア　リ

こたえ
→ ＿＿＿＿＿＿

⑩

ず
み
み
く

こたえ
→ ＿＿＿＿＿＿

4つの絵を見て共通点を見つけられるかな？

チャレンジするキミへ

例題を見て、下の４つのステップでやってみよう！

こたえ→「干支」の生きもの

ステップ1
4つの絵があるね
ステップ2
共通点をさがしてみよう
ステップ3
ぜんぶわからなくてもだいじょうぶだよ
ステップ4
なぜそう思うのか、理由を言葉にしよう
○○だから…

おうちのかたへ

2つのドリルをやってきました。お子さんも、1秒でパッと答えを出すことができるようになってきたのではないでしょうか？次は、絵を見て答えるドリルをやってみましょう。

囲みの中に、今度は文字ではなく絵が4つあります。

この4つに共通しているのは何か、わかりますか？　わからない人にヒント！　ことばに「どし」をつけてみてください。

これでわかったでしょうか。答えは「干支」の生きものです。こうやって、4つの絵の共通点をさがしていきましょう。

1回目は、間違っても、わからなくてもいいので、答えを出してみます。 4つ全部の共通点がさがせなくて、「2つの共通点がこれだから、たぶんこれかな？」くらいでも、だいじょうぶです。このドリルも**1秒で答えを出すことで、ものごとを決める力、一瞬で判断する力がメキメキとついてきます。** さがすときは、イラストを1つずつ見るのではなく、全部をかたまりで見るようにしたほうが早くさがせます。始める前に、お子さんにアドバイスしてあげてください。

2回目は、1回目で出した共通点を、「なんでそう思ったんだろう？」と、言葉にします。 これも、間違ってもだいじょうぶです。思ったことを言葉でアウトプットすると、知識も定着して忘れにくくなります。できたら、さらにその共通点から何か絵やお話を思い浮かべてみましょう。動物たちが駆け回っているところでも、ウサギやヒツジなど、ここに出てきていない干支の動物の絵でも、何でもかまいません。そこまでできると、さらに脳が活発に動いて、グッと頭の回転がよくなります。前のドリルと同じように、「どんな絵が浮かんだ？」と、お子さんに聞き、答えを出し合ってみてください。

1問1秒！ 10秒チャレンジ

仲間さがし1

4つの絵を見て
共通点をさがしてみよう！

いっしょに
チャレンジしよう
共通点、
なにかな？

①

こたえ
→ ＿＿＿＿＿＿＿＿

②

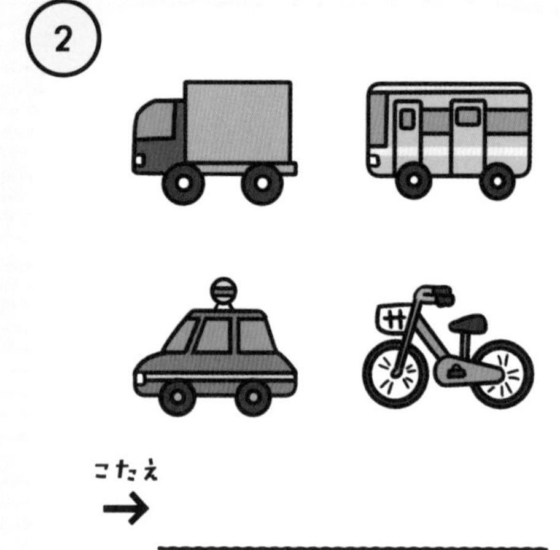

こたえ
→ ＿＿＿＿＿＿＿＿

③

こたえ
→ ＿＿＿＿＿＿＿＿

④

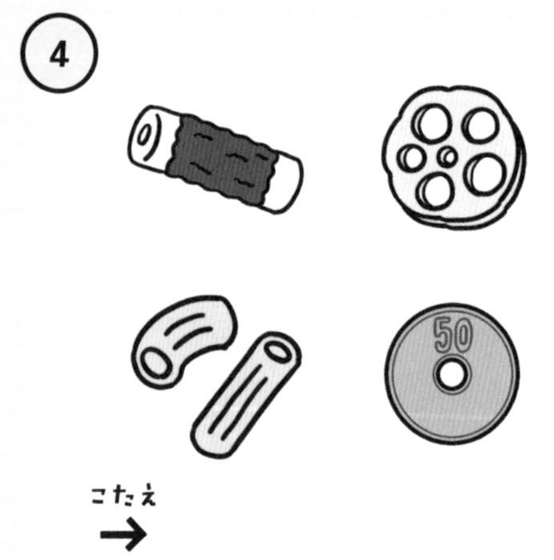
50

こたえ
→ ＿＿＿＿＿＿＿＿

5
こたえ

6
こたえ

7
こたえ

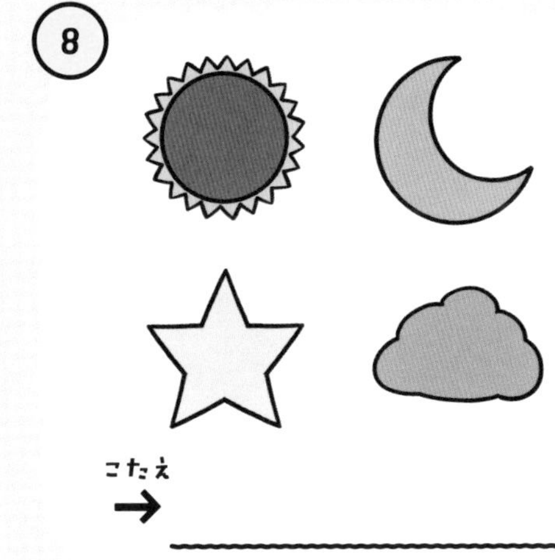
8
こたえ

9
こたえ

10
こたえ

1問1秒！ 10秒チャレンジ

仲間さがし 2

4つの絵を見て
共通点をさがしてみよう！

①

こたえ
→

②

こたえ
→

③

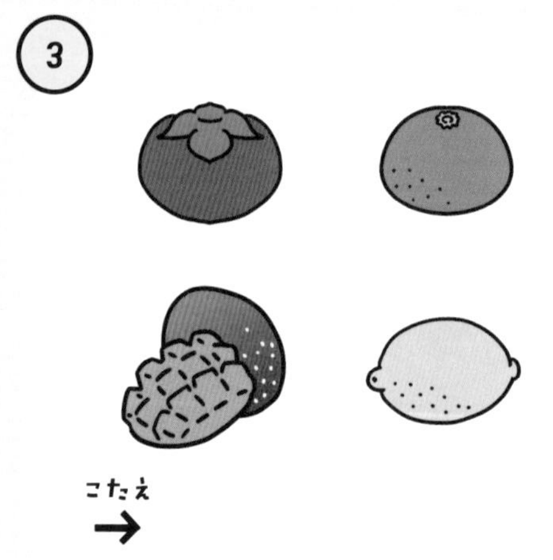

こたえ
→

④

こたえ
→

⑤

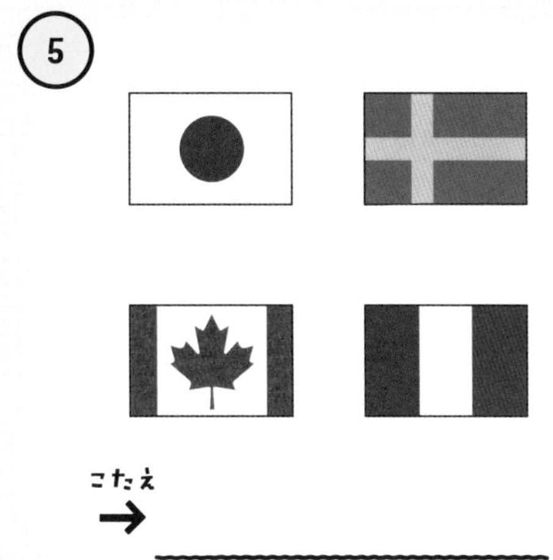

こたえ →

⑥

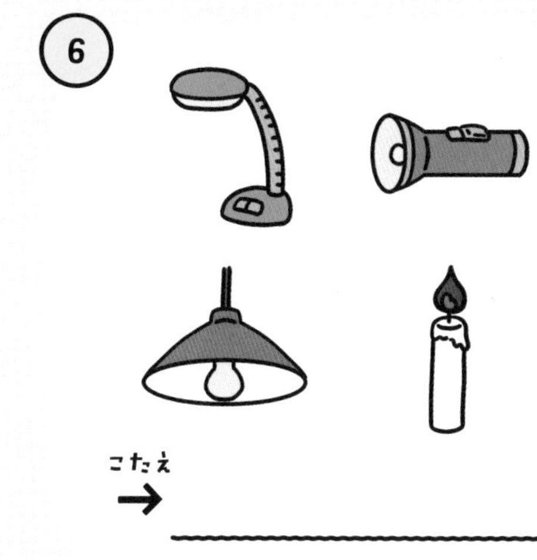

こたえ →

⑦

こたえ →

⑧

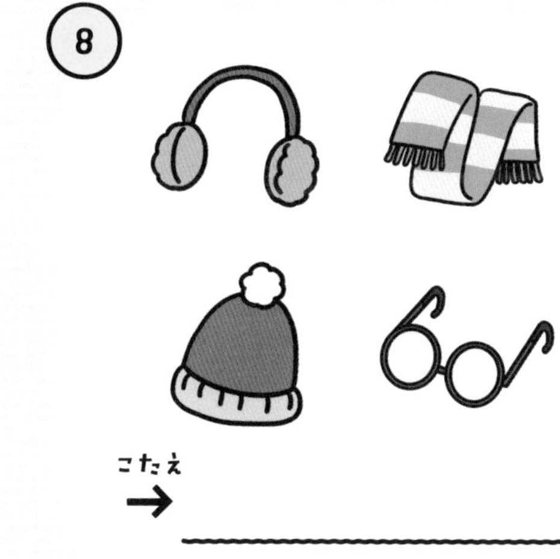

こたえ →

⑨

こたえ →

⑩

こたえ →

1問1秒！ 10秒チャレンジ

仲間さがし 3

4つの絵を見て
共通点をさがしてみよう！

共通点、
みつかったかな？
ゲームみたいで
楽しいね！

①

こたえ
→

②

こたえ
→

③

こたえ
→

④

こたえ
→

⑤

こたえ
→ ＿＿＿＿＿＿＿＿

⑥

こたえ
→ ＿＿＿＿＿＿＿＿

⑦

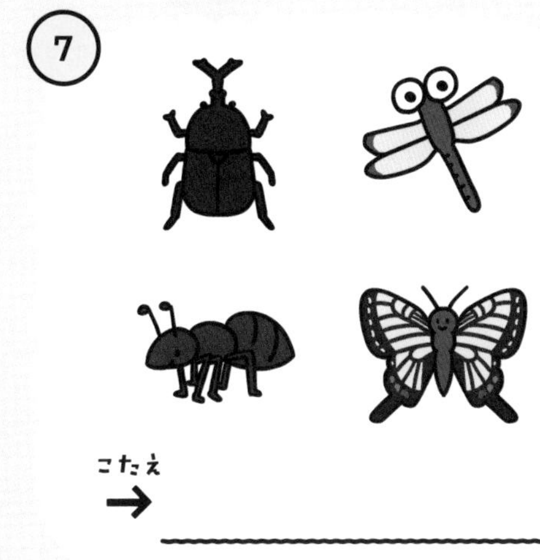

こたえ
→ ＿＿＿＿＿＿＿＿

⑧

こたえ
→ ＿＿＿＿＿＿＿＿

⑨

こたえ
→ ＿＿＿＿＿＿＿＿

⑩

こたえ
→ ＿＿＿＿＿＿＿＿

4つの絵のうち1つ、特徴が違うものをさがそう！

チャレンジするキミへ

例題を見て、下の4つのステップでやってみよう！

例題
こたえ→
タツ（竜）
（想像上の生きもの）

ステップ1
さっきと同じ絵だけど、見方を変えよう
ステップ2
1つだけ違うものがあるよ。わかるかな？？？
ステップ3
全体をかたまりで見てね
ステップ4
答えが出なくても考える力はついているよ

おうちのかたへ

前のドリルでは、４つの絵の共通点をさがしましたね。今度は、同じドリルを使って、４つの中から１つだけ違うものをさがしてみましょう。

もう一度、４つのイラストを見てください。

共通点は「干支」でしたね。でも、見方を変えると、１つだけ、ちょっと違った特徴を持っているものがあるのがわかりますか？答えは「タツ」です。「ネズミ」「ウシ」「トラ」は、実在する生き物ですが、「タツ（＝竜）」だけは、実際には存在しない、想像上の生きものです。

ドリルのやりかたは、前のドリルと同じです。

１回目は、１秒で答えを出します。 もちろん、間違っても、わからなくてもだいじょうぶです。**一瞬で答えを出すときに、判断する力がつきます。** １つひとつのイラストを見るのではなく、全体をかたまりで見るようにするのも同じです。そして、答えは１つとは限りません。解答例以外の特徴を発見するお子さんがいたら、ひらめきの才能を持っている証拠。ぜひほめてあげて、ドリルでさらにその力を伸ばしてあげてください。

２回目も、前のドリルと同じく、「なんでそう思ったんだろう？」と、理由を考えます。 共通点をさがすときは、「なんとなく、これかな？」でも答えられたと思いますが、このドリルは、４つの絵の意味が全部わかっていないと、なかなか答えにたどりつけないかもしれません。でも、それでもいいのです。**考えて答えを出すときに、脳はフル回転で働くので、答えがわからなくても、しっかりと脳の力は上がっています。** また、**「どれだろう？」と一生懸命考えると、集中する力も自然とついてきます。** ほかの勉強や習いごとにも集中できるようになりますよ。

1問1秒！ 10秒チャレンジ

特徴さがし1

4つの絵を見て
1つだけ違うものをさがそう！

①

こたえ
→ ＿＿＿＿＿＿

②

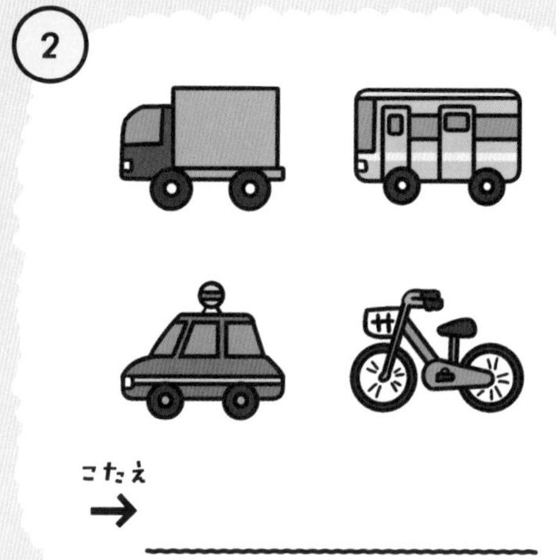

こたえ
→ ＿＿＿＿＿＿

③

こたえ
→ ＿＿＿＿＿＿

④

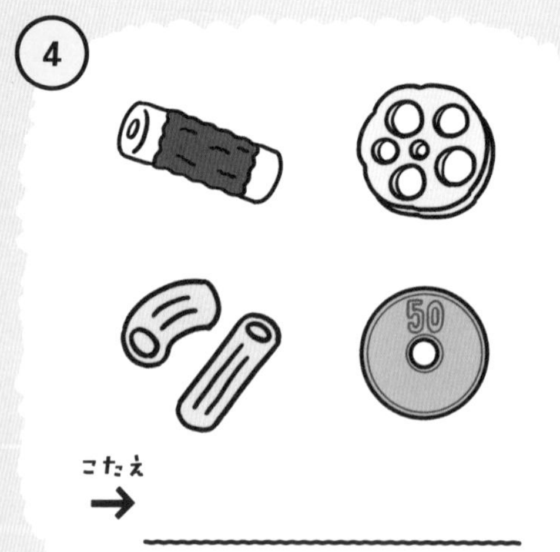

こたえ
→ ＿＿＿＿＿＿

⑤

こたえ →

⑥

こたえ →

⑦

こたえ →

⑧

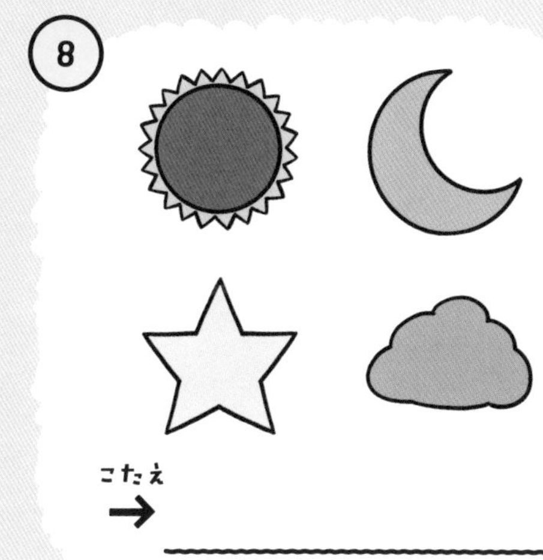

こたえ →

⑨

こたえ →

⑩

こたえ →

1問1秒！ 10秒チャレンジ

特徴さがし 2

4つの絵を見て
1つだけ違うものをさがそう！

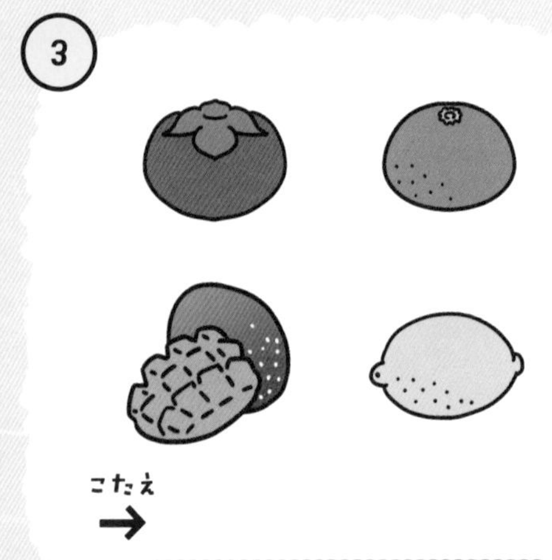

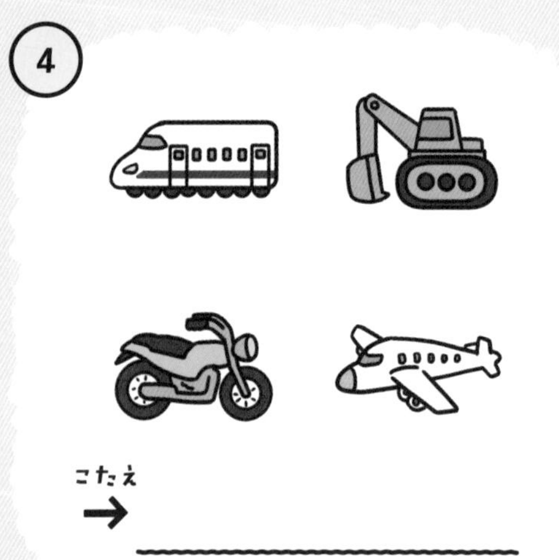

⑤

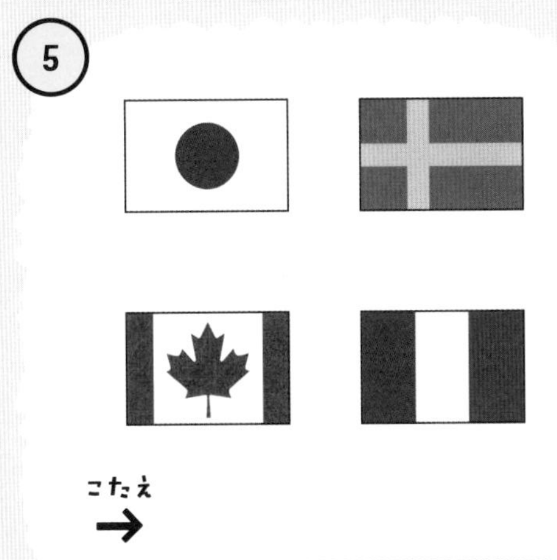

こたえ
→

⑥

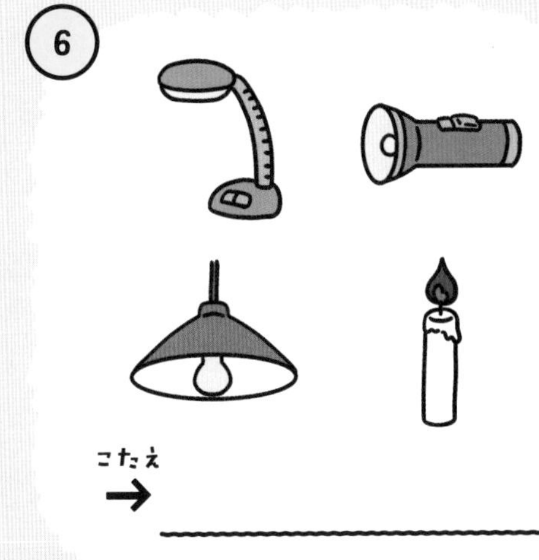

こたえ
→

⑦

こたえ
→

⑧

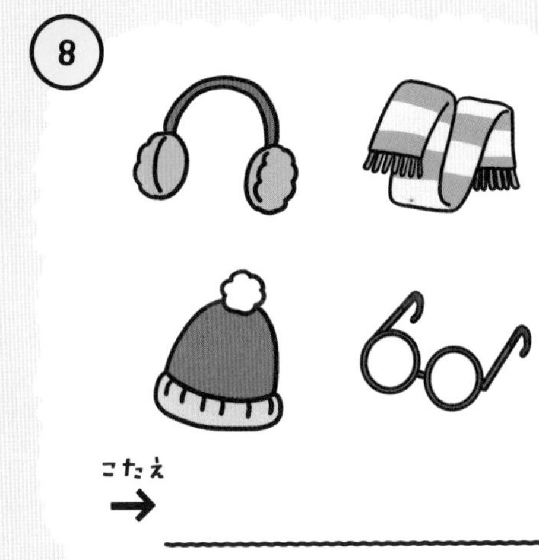

こたえ
→

⑨

こたえ
→

⑩

こたえ
→

1問1秒！ 10秒チャレンジ

特徴さがし3

4つの絵を見て
1つだけ違うものをさがそう！

①

こたえ
→ ＿＿＿＿＿＿＿＿

②

こたえ
→ ＿＿＿＿＿＿＿＿

③

こたえ
→ ＿＿＿＿＿＿＿＿

④

こたえ
→ ＿＿＿＿＿＿＿＿

5
こたえ

6
こたえ

7
こたえ

8
こたえ

9
こたえ

10
こたえ

4つの絵を見てから、次のページで消えたものを言おう！

チャレンジするキミへ

例題を見て、下の4つのステップでやってみよう！

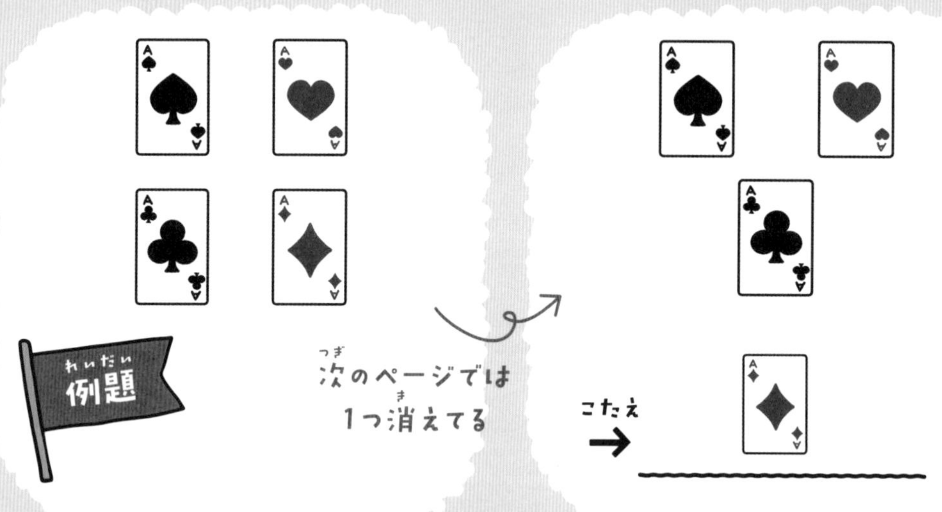

ステップ1
4つの絵を
かたまりで見よう
ステップ2
次に、
消えたものを
こたえてみて
ステップ3
ページをめくって
もどるの
くりかえしだよ
ステップ4
1つ1つ
覚えようとしないで
全体を見てね

おうちのかたへ

４つの絵を見て答えをさがすドリルはどうでしたか？　このドリルにも同じく４つのイラストが出てきますが、今度はこの中から「消えた絵」をさがしてください。

例題の囲みの中には、４つの絵があります。見覚えがあるのではないでしょうか？　そう、これは、トランプのカードの柄です。次に、隣の囲みの中を見てください。４つのうちの１つ、ダイヤが消えているので、答えは「ダイヤ」です。

例題では２つの囲みが同じページにありますが、実際のドリルでは、頭のページに４つの絵が、１枚めくった先のページの同じ場所に絵があります。頭のページを１秒で見たら、次のページを見て消えたものを１秒で答えて、また頭のページに戻ります。次の問題を見てから、ページをめくって消えたものを答えて、また戻ります。これを繰り返していきましょう。

コツは、今までと同じく、全体をかたまりで見ることです。「これはスペード」「これはハート」と、柄を１つずつ見るのではなく、４つ全部を１つの「絵」のように見るようにしましょう。**イメージでとらえた情報は右脳にインプットされ、覚えたことを忘れにくくなります。**大人は左脳のほうを使うことが多く、１つずつ確かめながら見てしまいがちなので、このようなドリルの場合は、こどものほうがパッと答えを出せるかもしれませんね。

問題の後半は、囲みの中に入っている絵の組み合わせや配置がバラバラになります。少しだけハードルが上がりますが、間違ってもいいので、パッパッと答えを出すよう、促してあげてください。**何回か繰り返してやるうちに、たくさんのイラストをしっかりと覚えることができるようになります。ものごとを記憶する力がグングン伸びていきます。**

1問1秒！ 10秒チャレンジ

消えた絵さがし1

4つの絵を見て
かたまりで覚えよう！

覚えられるかな？
だいじょうぶ、やってみよう

①

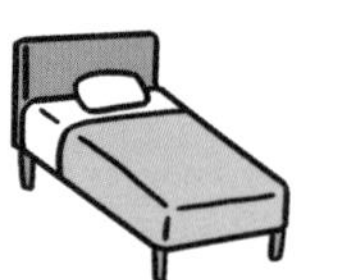

②

③

④

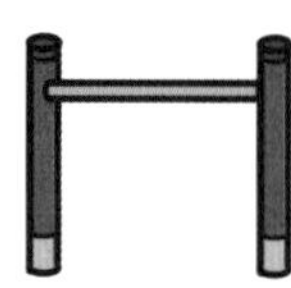

1
2
3
4

⑧

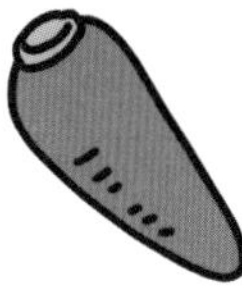

⑨

⑩

消えた絵さがし1

4つの絵を見て
消えた絵を答えよう！

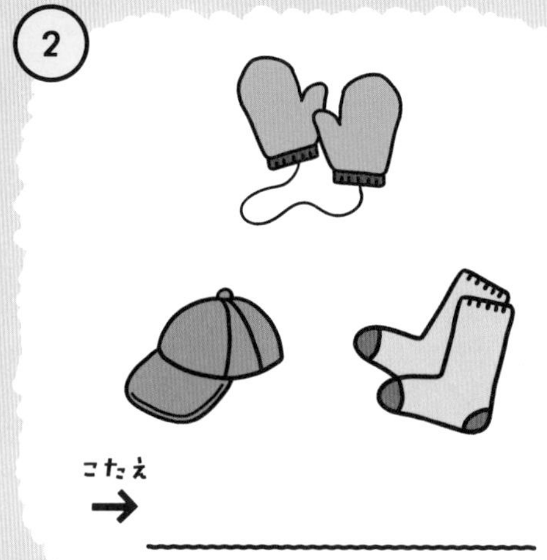

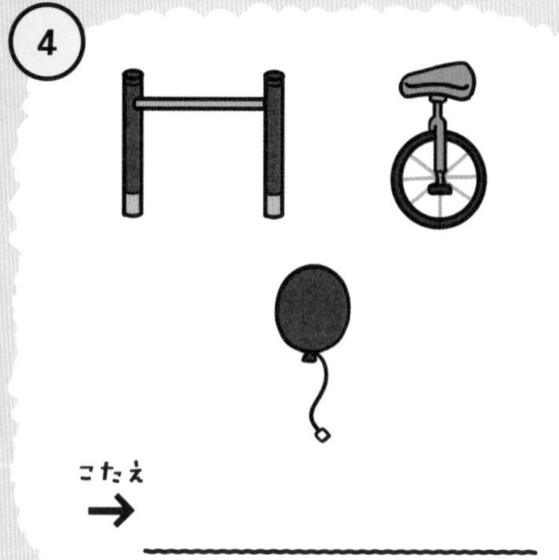

⑤

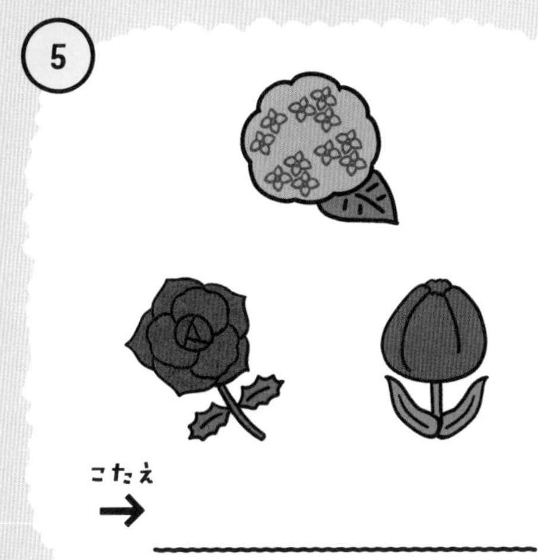

こたえ
→ ＿＿＿＿＿＿＿＿

⑥

こたえ
→ ＿＿＿＿＿＿＿＿

⑦

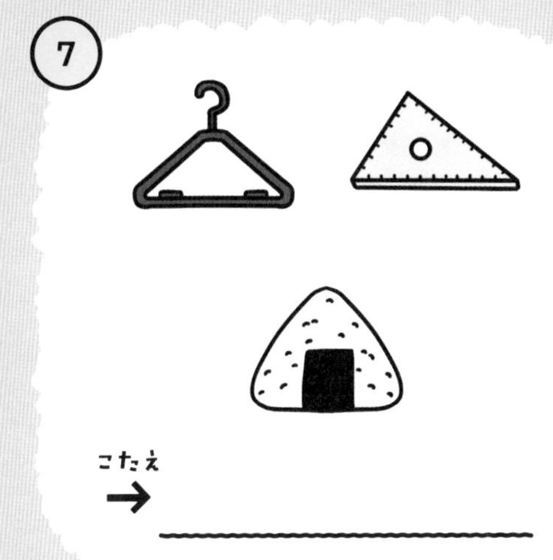

こたえ
→ ＿＿＿＿＿＿＿＿

⑧

こたえ
→ ＿＿＿＿＿＿＿＿

⑨

こたえ
→ ＿＿＿＿＿＿＿＿

⑩

こたえ
→ ＿＿＿＿＿＿＿＿

1問1秒！ 10秒チャレンジ

消えた絵さがし2

この調子で次も
いってみよう！
絶対できる！
フレーフレー！

4つの絵を見て
かたまりで覚えよう！

1

2

3

4

5

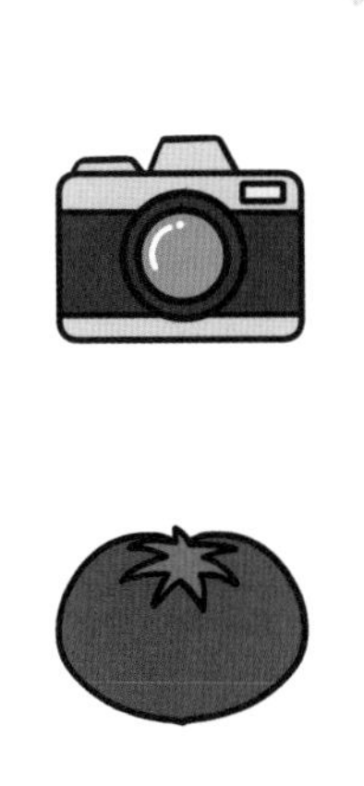

6

7

8

9

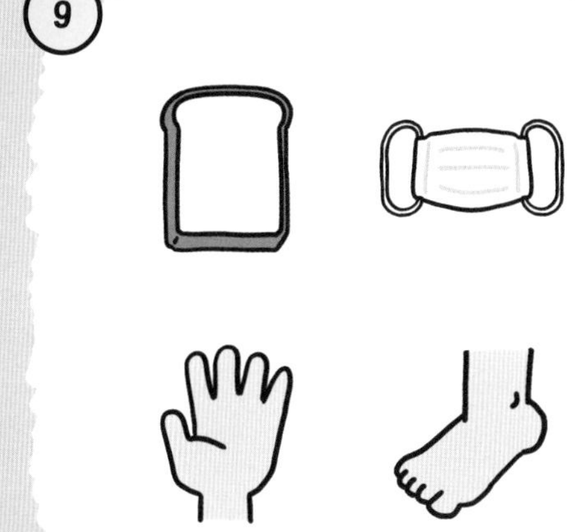

10

1問1秒！　10秒チャレンジ

消えた絵さがし２

4つの絵を見て
消えた絵を答えよう！

①

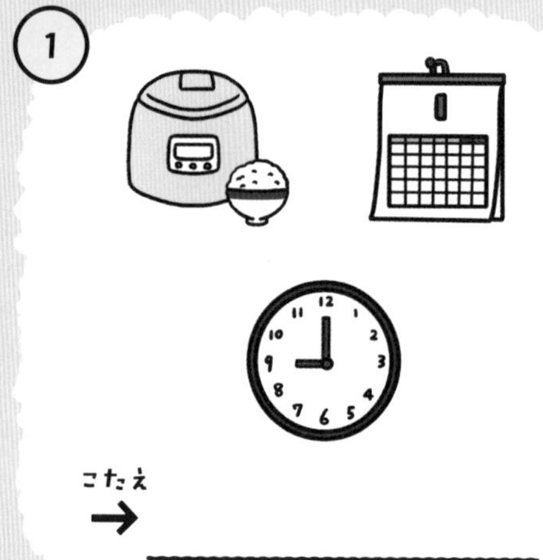

こたえ →

②

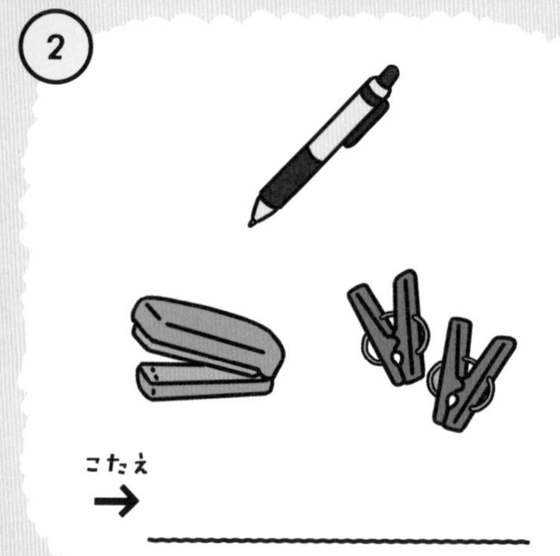

こたえ →

③

こたえ →

④

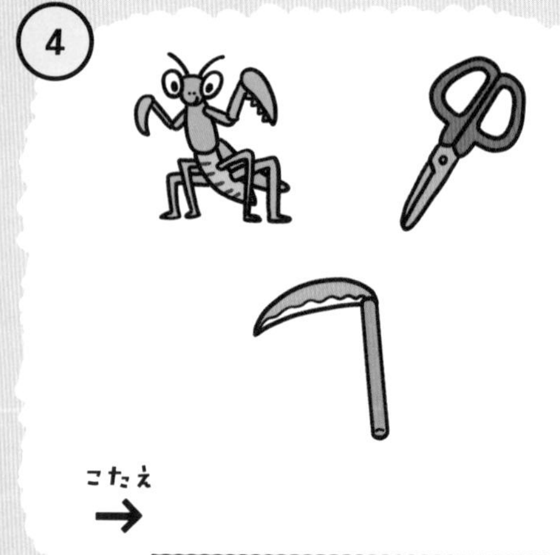

こたえ →

⑤

こたえ
→

⑥

こたえ
→

⑦

こたえ
→

⑧

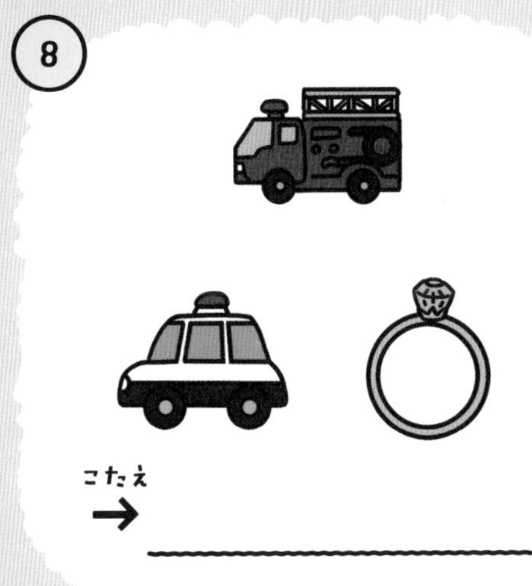

こたえ
→

⑨

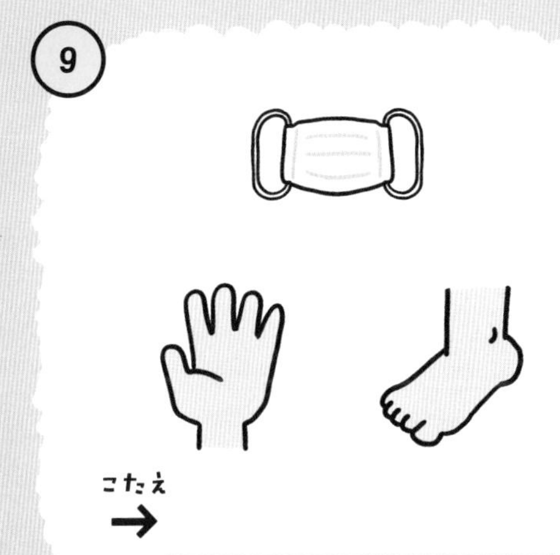

こたえ
→

⑩

こたえ
→

1問1秒！ 10秒チャレンジ

むっくん、
答えられてるね

頭の回転だけは
早いんだよ

消えた絵さがし3

4つの絵を見て
かたまりで覚えよう！

1

2

3

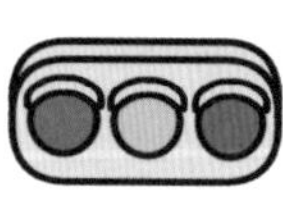

4

5

6

7

8

9

10

1問1秒！ 10秒チャレンジ

消えた絵さがし3

4つの絵を見て
消えた絵を答えよう！

①

こたえ
→ ＿＿＿＿＿＿＿＿

②

こたえ
→ ＿＿＿＿＿＿＿＿

③

こたえ
→ ＿＿＿＿＿＿＿＿

④

こたえ
→ ＿＿＿＿＿＿＿＿

5
〒
こたえ

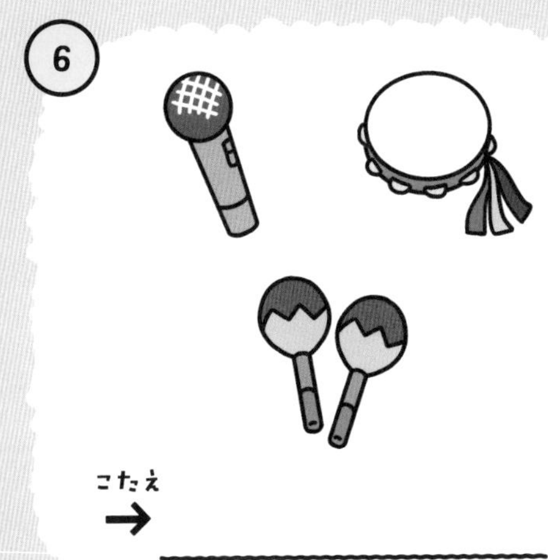
6
こたえ

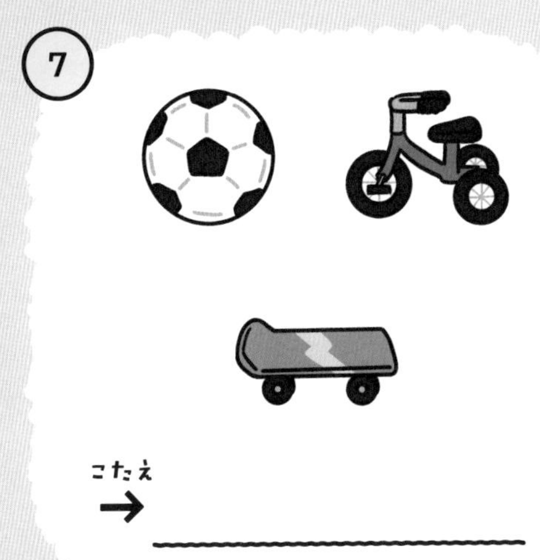
7
こたえ

8
こたえ

9
こたえ

10
こたえ

1問1秒！ 10秒チャレンジ

今度は絵の
配置が違うね

楽しみだね、
レッツゴー！

消えた絵さがし4

4つの絵を見て
かたまりで覚えよう！

①

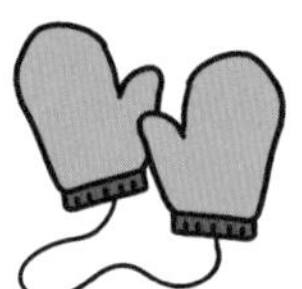

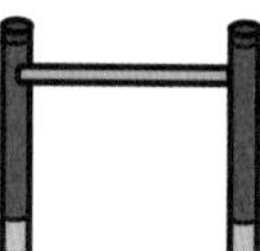

②

③

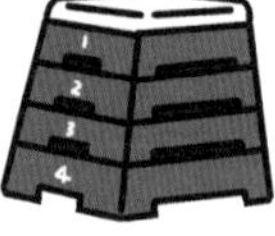

④

5

6

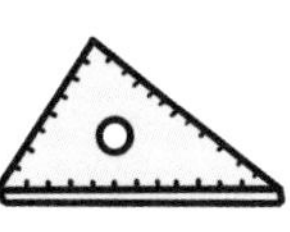

7

8

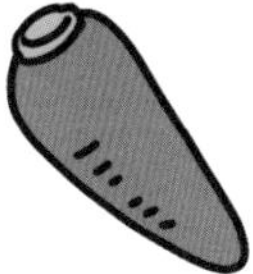

9

10

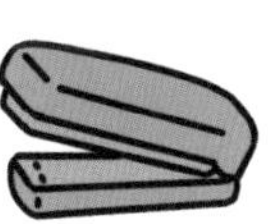

1問1秒！ 10秒チャレンジ

消えた絵さがし4

4つの絵を見て
消えた絵を答えよう！

5
こたえ

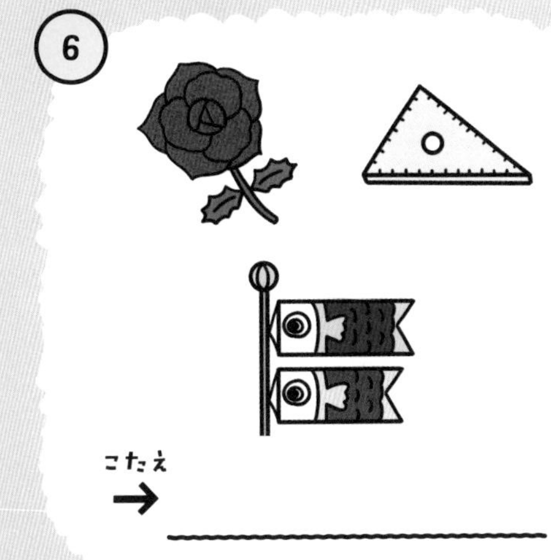
6
こたえ

7
こたえ

8
こたえ

9
こたえ

10
こたえ

1問1秒！ 10秒チャレンジ

消えた絵さがし5

4つの絵を見て
かたまりで覚えよう！

どんどん答えられているね
やっくん、その調子！

①

②

③

④

5
6
7
8
9
10

1問1秒！ 10秒チャレンジ

消えた絵さがし5

4つの絵を見て
消えた絵を答えよう！

しまくん、コツが
つかめてきたね
アイス
食べてもいい？

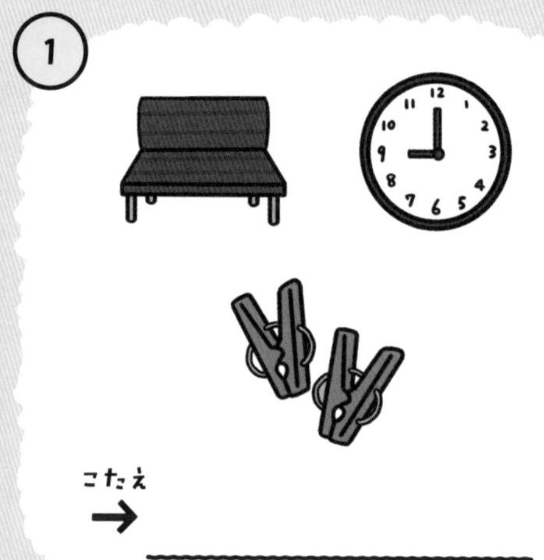
1
こたえ

2
こたえ

3
こたえ

4
こたえ

5
こたえ
→

6
こたえ
→

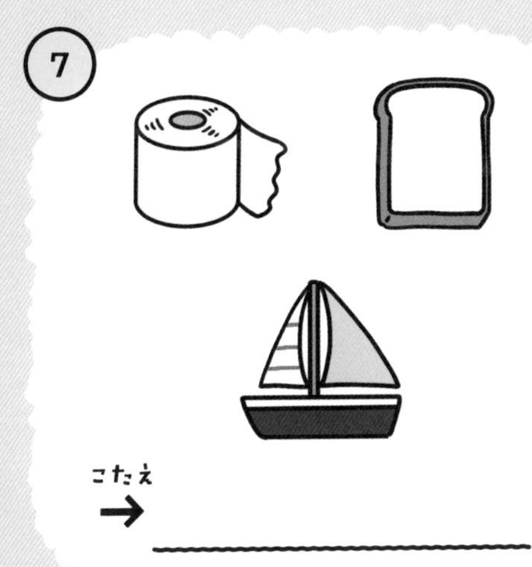
7
こたえ
→

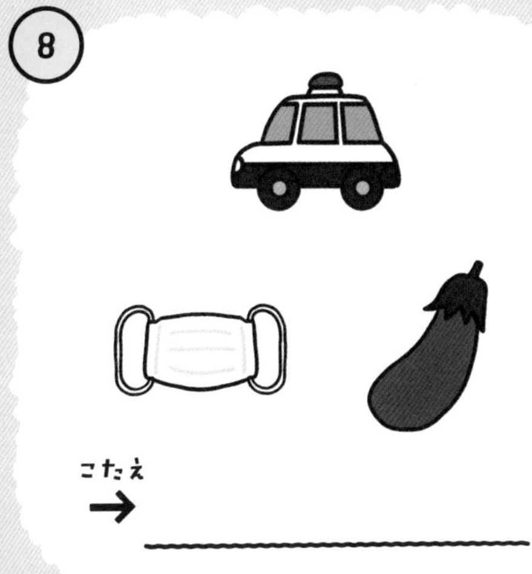
8
こたえ
→

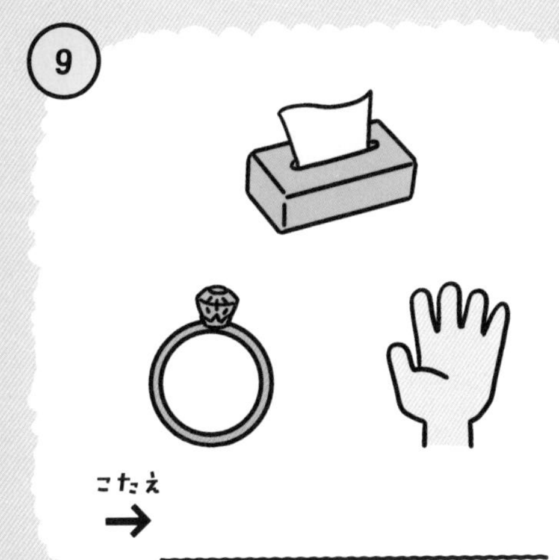
9
こたえ
→

10
こたえ
→

1問1秒！ 10秒チャレンジ

消えた絵さがし6

この問題、
これが最後だよ
すごく力が
ついたはず！

4つの絵を見て
かたまりで覚えよう！

1

2

3

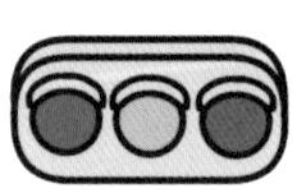

4

5
6
7
8
9
10

1問1秒！ 10秒チャレンジ

消えた絵さがし 6

最後の問題も答えられたよ
記憶力が上がったみたい！

4つの絵を見て
消えた絵を答えよう！

1

こたえ →

2

こたえ →

3

こたえ →

4

こたえ →

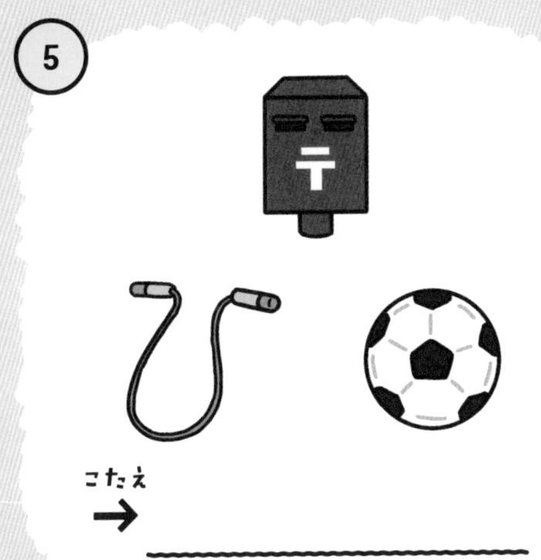
5
こたえ

6
こたえ

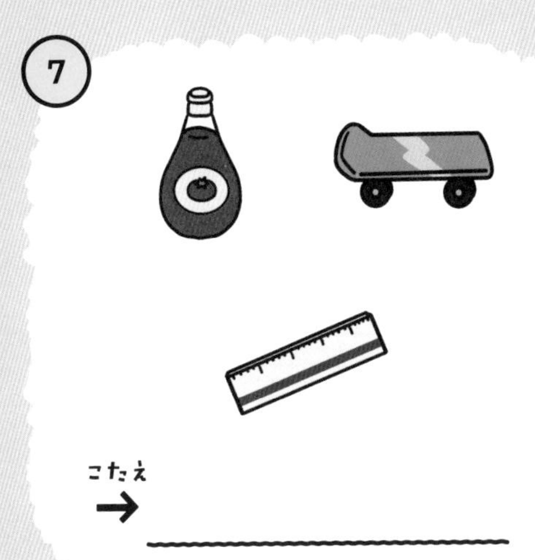
7
こたえ

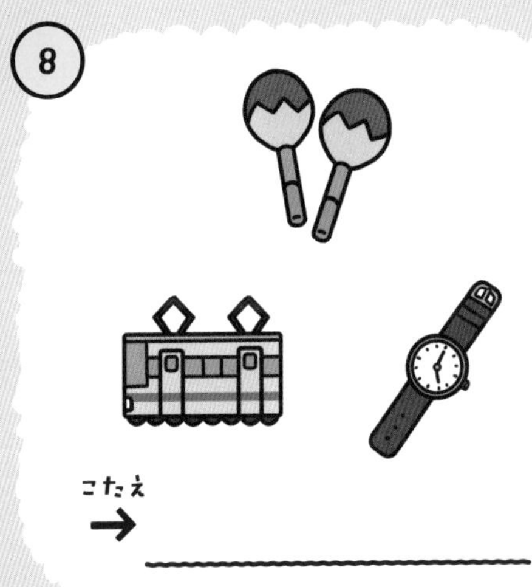
8
こたえ

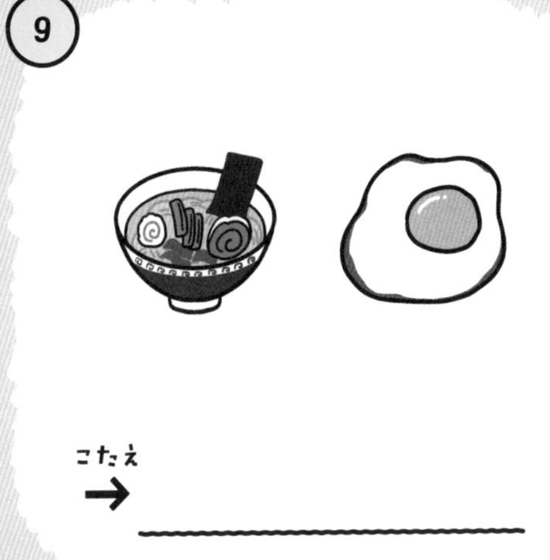
9
こたえ

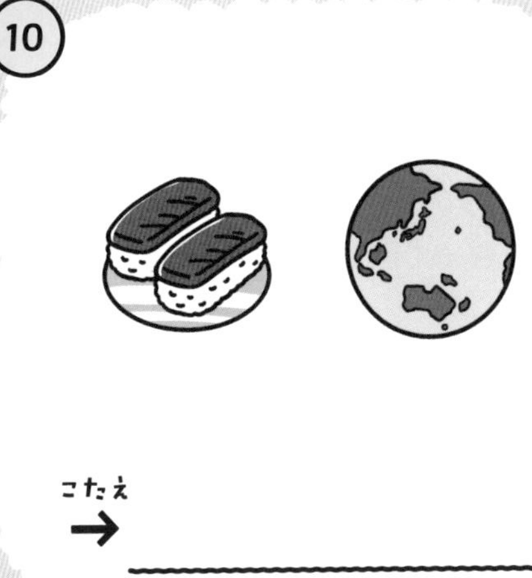
10
こたえ

バラバラになっている数字を使って答えを出そう！

チャレンジするキミへ

例題を見て、下の4つのステップでやってみよう！

2　9
5
3　11

バラバラの数字を使ってこたえを7にする

こたえ →
2 + 5 = 7
9 − 2 = 7

ステップ1
バラバラの数字を使って計算しよう
ステップ2
計算は2つのやりかたでやってね
ステップ3
たし算とひき算だよ
ステップ4
計算の式を自分で見つけよう
3+4
9-2
2+5=

おうちのかたへ

さあ、最後のドリルになりました。今度は今までのドリルとは大きく変わって、数字を使って計算をするドリルです。

例題には、2、3、5、9、11の5つの数字がバラバラに並んでいます。5つの数字を使って、答えが7になるように計算します。まず、たし算でやってみましょう。たし算はほかの計算に比べると難易度が低いので、最初にやっておくと、お子さんもやりやすくなるはずです。この場合、「5＋2＝7」になりますね。次は、ひき算です。「9－2＝7」という答えが出てきます。

ドリルの問題は、「たし算」「ひき算」と交互に出題されます。最初の「たし算」「ひき算」は、答えが10になるよう計算してください。 5つの数字を全部使うという決まりはありません。**次の「たし算」「ひき算」は、答えが11となる式を見つけていきます。** 10から11に変わっただけで、少し難しくなるのがわかります。**最後の問題では「たし算」は19、「ひき算」は9の答えになる計算式を導きます**が、これまでの問題と違うのは、式が2通り以上あるところです。たくさん見つけられたらいいですが、1つでもいいので見つけてみましょう。

難しく思えるかもしれませんが、一瞬で答えを出すこと、全体をかたまりで見ることなど、今までやってきたことを使えば、きっとできます。まず、間違えてもいいので、1秒で答えを出してみてください。できなかったら飛ばしてもだいじょうぶです。どうしても難しかったら、大人がサポートしてあげましょう。**何回かやると、集中する力がつき、数字にも強くなります。**

バラバラの数字から自分で式を見つけたり考えたりすることができたら、発想する力、集中する力、記憶する力、全部がパワーアップします。楽しみながらチャレンジしてください！

1問1秒！ 10秒チャレンジ

瞬間たし算1

算数、
得意なんだ
さすがポンちゃん！
あせらずいこう

バラバラの数字を使って
答えが10になるよう計算しよう！

①

10
0 5
1 3

こたえ →

②

4 6
3 5
8

こたえ →

③

5 2
4
8 7

こたえ →

④

3
5 7
8 9

こたえ →

⑤

9 2

6

5 1

こたえ
→ ＿＿＿＿＿＿＿＿

⑥

2

5 1

7 11

こたえ
→ ＿＿＿＿＿＿＿＿

⑦

3 6

5

8 1

こたえ
→ ＿＿＿＿＿＿＿＿

⑧

1

5 3

2 10

こたえ
→ ＿＿＿＿＿＿＿＿

⑨

1 4

11 8

5

こたえ
→ ＿＿＿＿＿＿＿＿

⑩

1 2

3

4 10

こたえ
→ ＿＿＿＿＿＿＿＿

1問1秒！ 10秒チャレンジ

瞬間ひき算1

バラバラの数字を使って
答えが10になるよう計算しよう！

うたくん、
どんどん
できているね
数字に変わっても
かたまりで
見ているからね

①

20
10 21
22 23

こたえ
→ ______

②

55 5
45 4
22

こたえ
→ ______

③

39 33
24
15 23

こたえ
→ ______

④

25
14 20
35 11

こたえ
→ ______

⑤

28 26

8

6 18

こたえ
→ ＿＿＿＿＿＿

⑥

2

19

20

11 21

こたえ
→ ＿＿＿＿＿＿

⑦

6 14

22

28 30

こたえ
→ ＿＿＿＿＿＿

⑧

3

14 6

15 2

こたえ
→ ＿＿＿＿＿＿

⑨

20 6

18

4

1

こたえ
→ ＿＿＿＿＿＿

⑩

29 20

12

8 7

こたえ
→ ＿＿＿＿＿＿

1問1秒！ 10秒チャレンジ

瞬間たし算 2

今度はまたたし算にチャレンジ！
どんどん答えを言っていこう

バラバラの数字を使って
答えが11になるよう計算しよう！

①

5 9 6 7 8

こたえ →

②

9 10 1 5 12

こたえ →

③

11 7 13 4 6

こたえ →

④

13 6 9 14 5

こたえ →

⑤

8 11

3

7

5

こたえ →

⑥

3 4

2

9 16

こたえ →

⑦

1

2 4

8 16

こたえ →

⑧

9

7

6

3 1

こたえ →

⑨

4 6

2

1 12

こたえ →

⑩

2

3 1

5 16

こたえ →

1問1秒！　10秒チャレンジ

瞬間ひき算2

ひき算も
面白いね
計算がとくいに
なってきたぞ

バラバラの数字を使って
答えが11になるよう計算しよう！

①

14　8　3　30　18

こたえ
→ ＿＿＿＿＿＿

②

15　4　11　5　21

こたえ
→ ＿＿＿＿＿＿

③

2　9　5　14　20

こたえ
→ ＿＿＿＿＿＿

④

1　2　16　5　8

こたえ
→ ＿＿＿＿＿＿

⑤

18 3

4

20 17

こたえ →

⑥

1

18

6

25

9

こたえ →

⑦

11 30

4

5 20

こたえ →

⑧

32

3 20

6 10

こたえ →

⑨

12 22

7

8

30

こたえ →

⑩

2 5

11

18

25

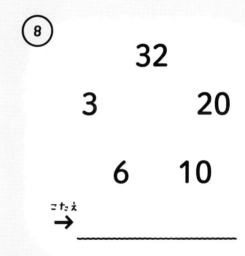

こたえ →

1問1秒！ 10秒チャレンジ

瞬間たし算3

バラバラの数字を使って
19になる式を2つ以上見つけよう！

①

7
11 8
12 5

こたえ
→ ＿＿＿＿＿＿＿＿

②

14 5
6 2
17

こたえ
→ ＿＿＿＿＿＿＿＿

③

1 3
16
9 10

こたえ
→ ＿＿＿＿＿＿＿＿

④

3
10 9
11 5

こたえ
→ ＿＿＿＿＿＿＿＿

⑤

1 4

2

16 17

こたえ →

⑥

1

6

2

5

13

こたえ →

⑦

2 17

11

6 4

こたえ →

⑧

4

3 1

15 16

こたえ →

⑨

1 4

10

5

15

こたえ →

⑩

11 6

5

3 2

こたえ →

1問1秒！ 10秒チャレンジ

瞬間ひき算3

バラバラの数字を使って
9になる式を2つ以上見つけよう！

①

10
1 15
5 14

こたえ
→ ＿＿＿＿＿＿＿＿

②

3 6
9 15
12

こたえ
→ ＿＿＿＿＿＿＿＿

③

18 9
27
10 7

こたえ
→ ＿＿＿＿＿＿＿＿

④

12
11 20
30 9

こたえ
→ ＿＿＿＿＿＿＿＿

⑤

17 15

2

4 11

こたえ
→ ＿＿＿＿＿＿

⑥

24 10

15 1

17

こたえ
→ ＿＿＿＿＿＿

⑦

23 53

4

32 13

こたえ
→ ＿＿＿＿＿＿

⑧

30

3 5

9 18

こたえ
→ ＿＿＿＿＿＿

⑨

42 5

33 25

11

こたえ
→ ＿＿＿＿＿＿

⑩

11 31

5

2 22

こたえ
→ ＿＿＿＿＿＿

こたえあわせ

言葉(ことば)さがし1 （問題 P10、11）　※こたえは1つとは限(かぎ)らないよ

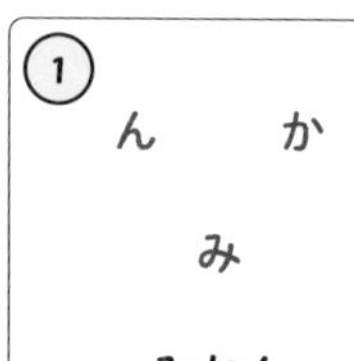
① ん　か　み
みかん

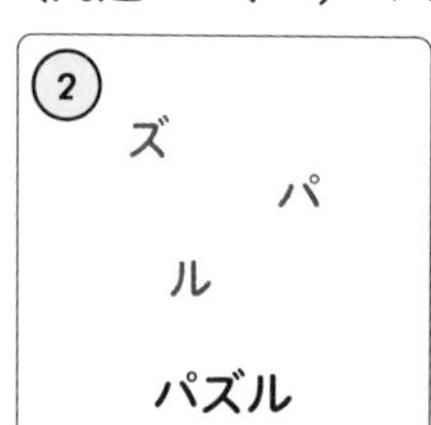
② ズ　パ　ル
パズル

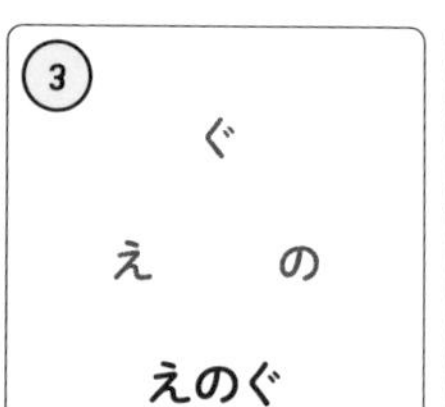
③ ぐ　え　の
えのぐ

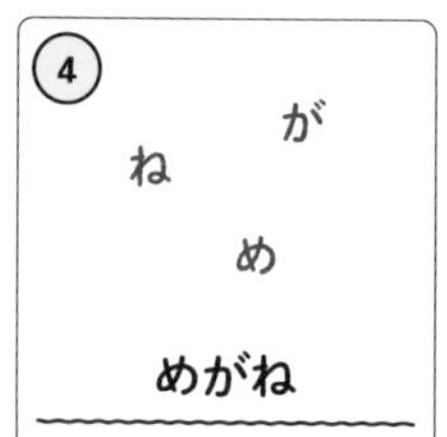
④ が　ね　め
めがね

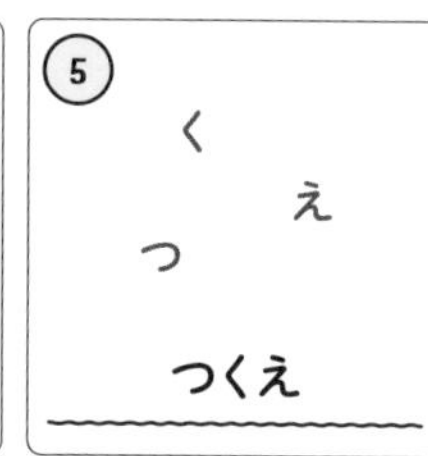
⑤ く　え　つ
つくえ

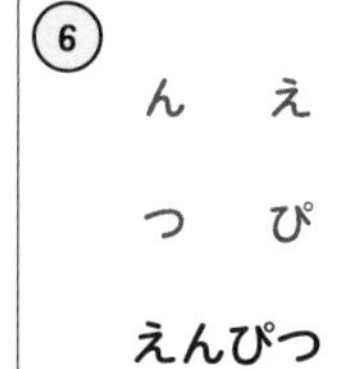
⑥ ん　え　つ　ぴ
えんぴつ

⑦ ス　ー　ュ　ジ
ジュース

⑧ わ　ま　ひ　り
ひまわり

⑨ う　ん　え　こ
こうえん

⑩ く　ふ　よ　う
ようふく

言葉(ことば)さがし2 （問題 P12、13）

① ツ　バ　ケ
バケツ

② ア　ラ　コ
コアラ

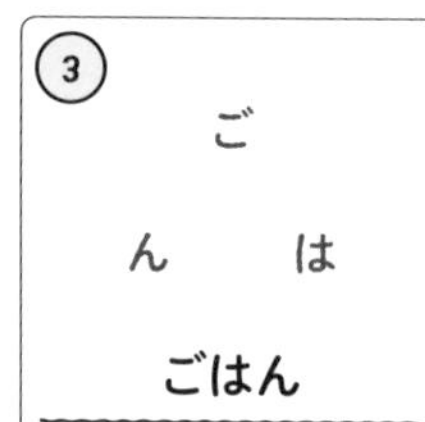
③ ご　ん　は
ごはん

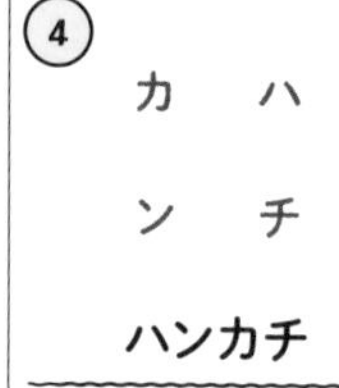
④ カ　ハ　ン　チ
ハンカチ

⑤ り　み　お　が
おりがみ

⑥ ネ　ン　ト　ル
トンネル

⑦ う　め　し　ぼ
うめぼし

⑧ ち　ゃ　ん　あ　か
あかちゃん

⑨ く　ぼ　ん　さ　ら
さくらんぼ

⑩ は　が　こ　き　み
はみがきこ

言葉(ことば)さがし3 （問題 P14、15）

① み　が　か
かがみ

② も　じ　み
もみじ

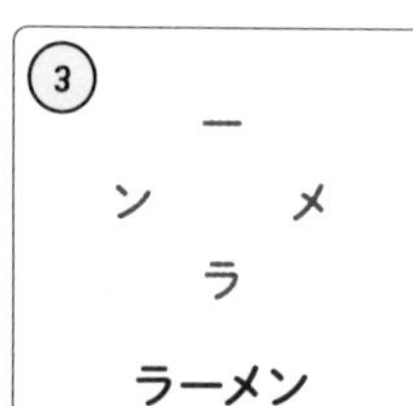
③ ー　ン　メ　ラ
ラーメン

④ め　ま　あ　だ
あめだま

⑤ こ　い　お　づ　か
おこづかい

⑥ ん　て　し　ゃ　じ
じてんしゃ

⑦ ま　ぐ　あ　い　ら
あらいぐま

⑧ ん　し　か　せ　ん　ん
しんかんせん

⑨ し　か　ん　ん　ゃ　ら
かんらんしゃ

⑩ ン　ド　ッ　イ　サ　チ
サンドイッチ

言葉(ことば)さがし 4 （問題 P16、17） ※こたえは1つとは限(かぎ)らないよ

1. し い の し — **いのしし**
2. く ゃ み し — **くしゃみ**
3. う よ は お — **おはよう**
4. イ チ ッ ス — **スイッチ**
5. と べ お う ん — **おべんとう**
6. ご き た ま や — **たまごやき**
7. ち き ば う え — **うえきばち**
8. さ い か け く ん — **さんかくけい**
9. う つ い か ま ほ — **まほうつかい**
10. ゆ ぎ う に ゅ う — **ぎゅうにゅう**

言葉(ことば)さがし 5 （問題 P18、19）

1. カ ニ ス ー ー — **スニーカー**
2. や り ぼ ま の — **やまのぼり**
3. た き ん せ く — **せんたくき**
4. か む り つ た — **かたつむり**
5. レ イ ス カ ー ラ — **カレーライス**
6. う つ き ん ど ね — **きつねうどん**
7. い ん ね い せ ち — **いちねんせい**
8. ず ぼ て る て う る — **てるてるぼうず**
9. ゃ お た く ま じ し — **おたまじゃくし**
10. し ゃ う し ぼ ょ う — **しょうぼうしゃ**

言葉(ことば)さがし 6 （問題 P20、21）

1. も し こ と う ろ — **とうもろこし**
2. ル ッ パ ナ イ プ — **パイナップル**
3. じ ん う ょ び た — **たんじょうび**
4. う も き ひ こ ぐ — **ひこうきぐも**
5. ま う ら し ろ う た — **うらしまたろう**
6. ン ク ス ー タ サ ロ — **サンタクロース**
7. マ ー ル ー リ ド ゴ — **マリーゴールド**
8. ジ ン ュ ス オ ー レ ジ — **オレンジジュース**
9. ゆ ち ひ う し う こ う — **うちゅうひこうし**
10. ド ラ ウ ー ゴ ン ー リ メ — **メリーゴーラウンド**

こたえあわせ

超言葉さがし1 （問題 P24、25） ※こたえが3つ以上の問題があるかも!?

①
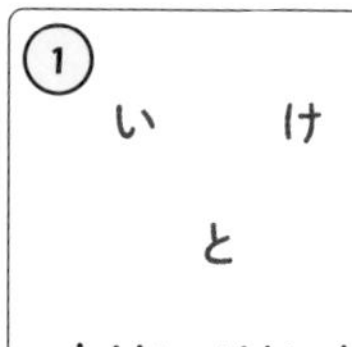

とけい / けいと

②
ん
ぼ　た
ぼたん / たんぼ

③
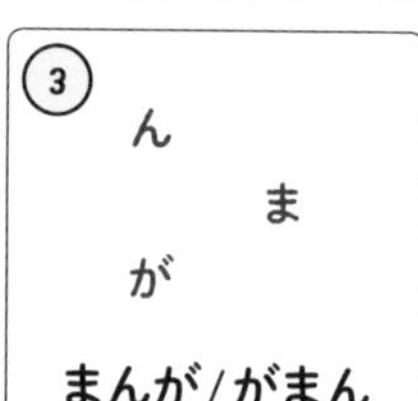

まんが / がまん

④
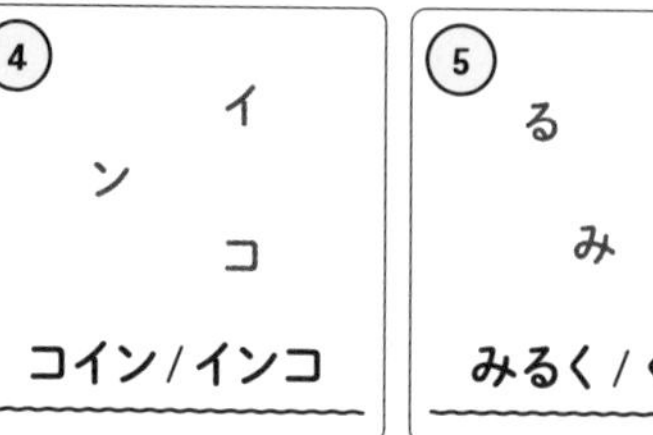

コイン / インコ

⑤
る　く
み
みるく / くるみ

⑥
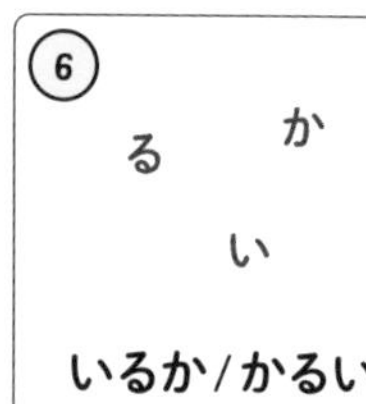

いるか / かるい

⑦
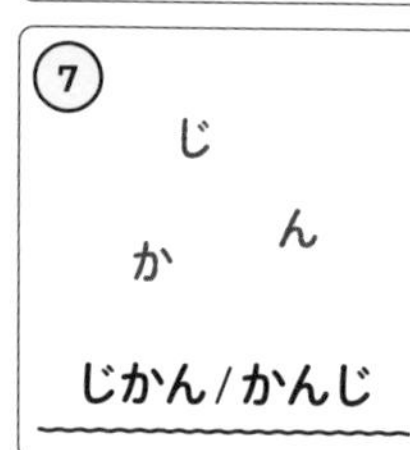

じかん / かんじ

⑧

ふくろ / ふろく

⑨
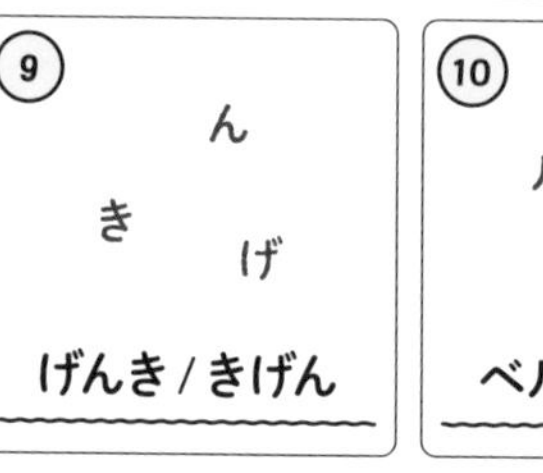

げんき / きげん

⑩
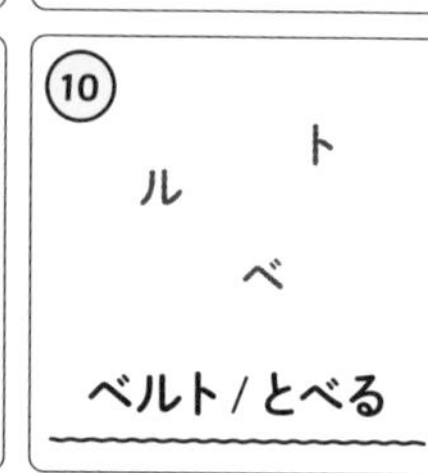

ベルト / とべる

超言葉さがし2 （問題 P26、27） ※こたえが3つ以上の問題があるかも!?

①
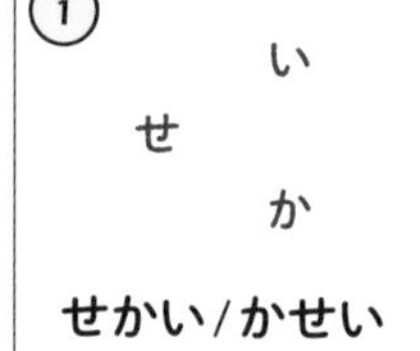

せかい / かせい

②
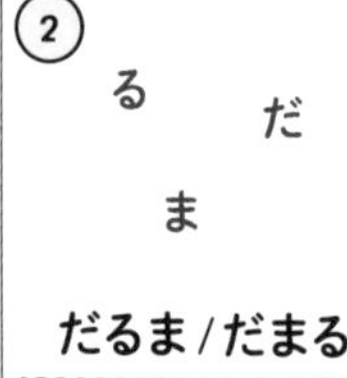

だるま / だまる

③
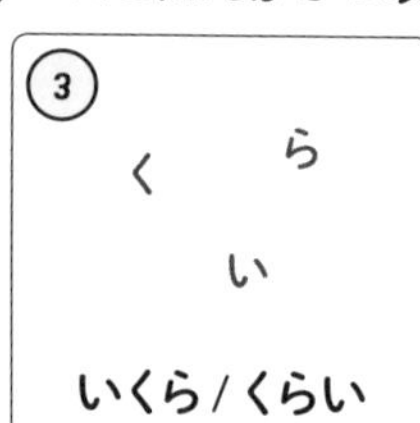

いくら / くらい

④
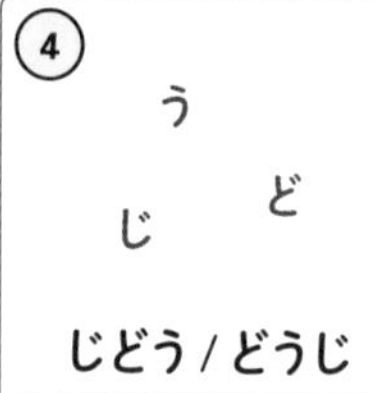

じどう / どうじ

⑤
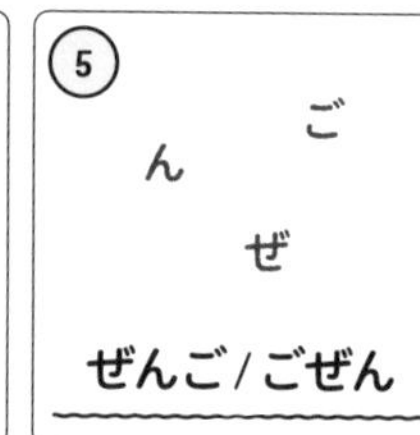

ぜんご / ごぜん

⑥
ラ　ン
ド　ゴ
ドラゴン / ゴンドラ

⑦
さ
さ　ま
か
さかさま / ささかま

⑧
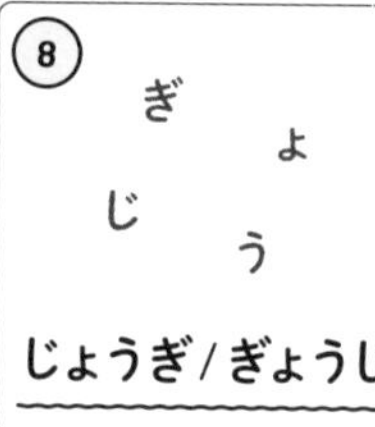

じょうぎ / ぎょうじ

⑨
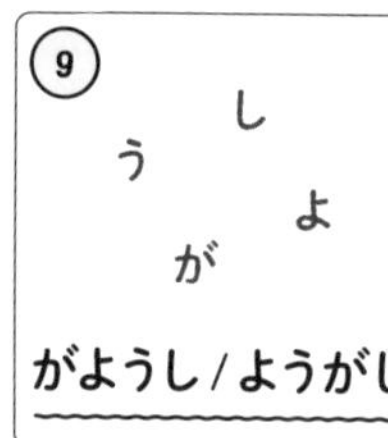

がようし / ようがし

⑩
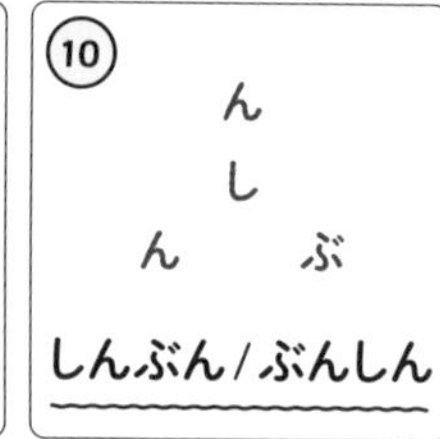

しんぶん / ぶんしん

超言葉さがし3 （問題 P28、29） ※こたえが3つ以上の問題があるかも!?

①
く　と
う　ほ
ほくとう / とうほく

②
い
ゃ　か
し
しゃかい / かいしゃ

③
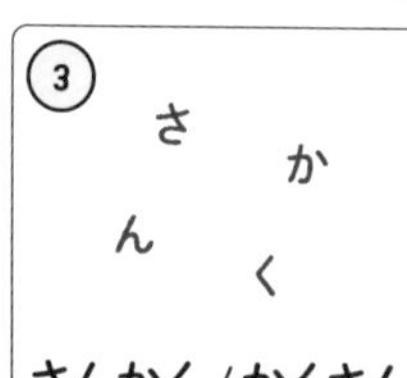

さんかく / かくさん

④
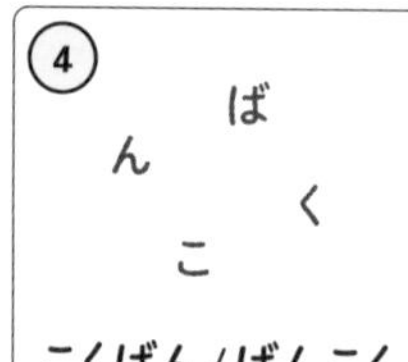

こくばん / ばんこく

⑤
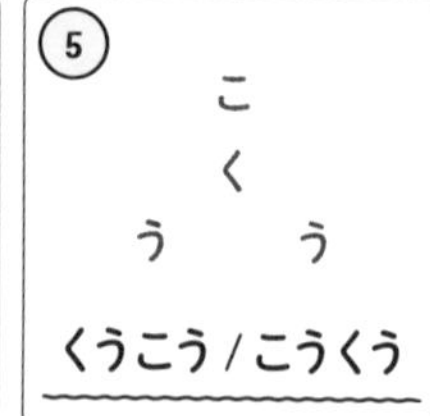

くうこう / こうくう

⑥
い　せ
か
い
せいかい / かいせい

⑦
い
ろ
あ
い
あいいろ / いろあい

⑧
う
じ
に　ゅ
じゅうに / にじゅう

⑨
タ
イ
ア　リ
イタリア / リタイア

⑩
ず
み
み
く
みみずく / みずくみ

仲間さがし1 (問題 P32、33)

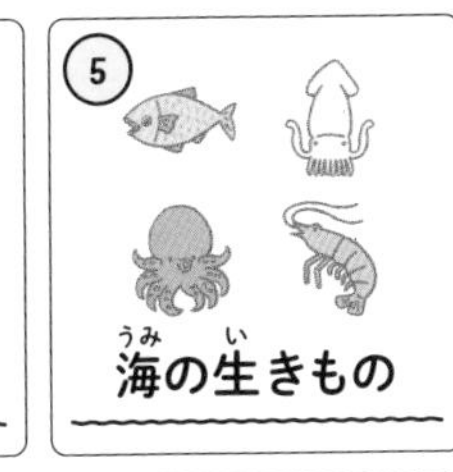

仲間さがし2 (問題 P34、35)

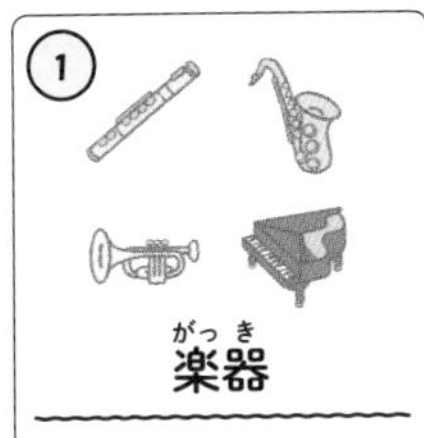

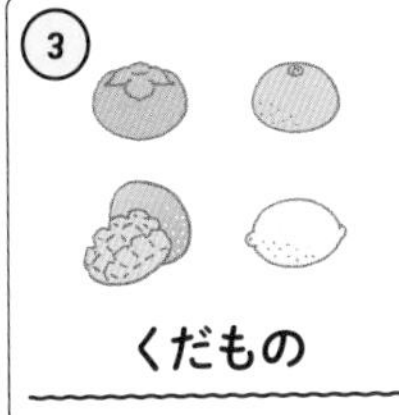

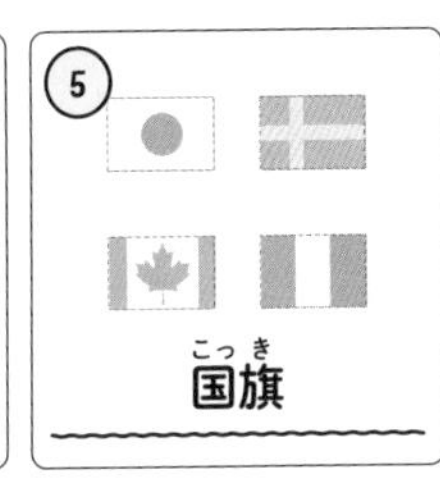

7
むかしばなしに出てくるもの

8
首から上に着けるもの

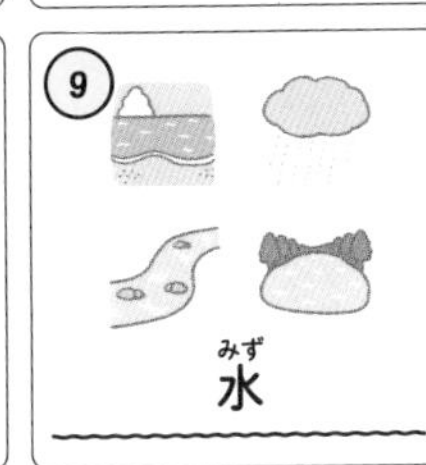

仲間さがし3 (問題 P36、37)

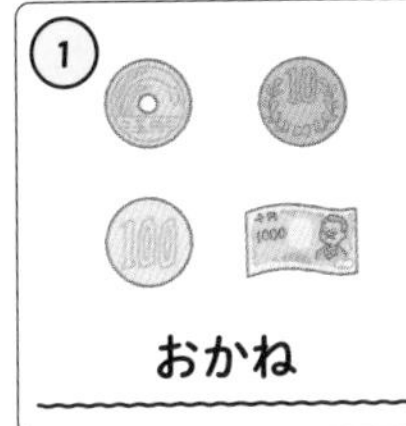

2
「ももたろう」に出てくるもの

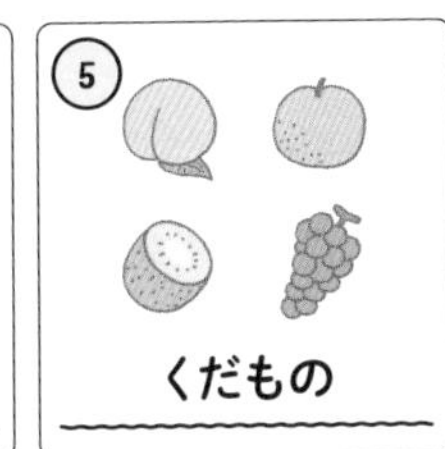

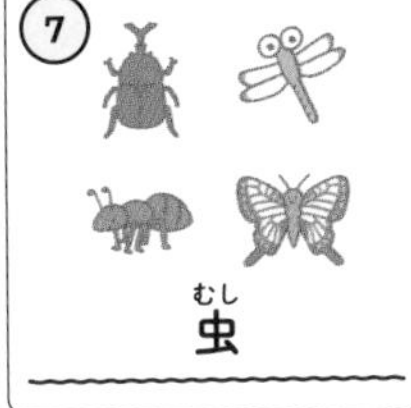

特徴さがし1 （問題 P40、41） ※こたえは1つとは限らないよ

①

夏の花
（ほかは春の花）

②

自分でこぐ
（ほかはガソリンで動く）

③

地上で生きている
（ほかは水中で生きている）

④
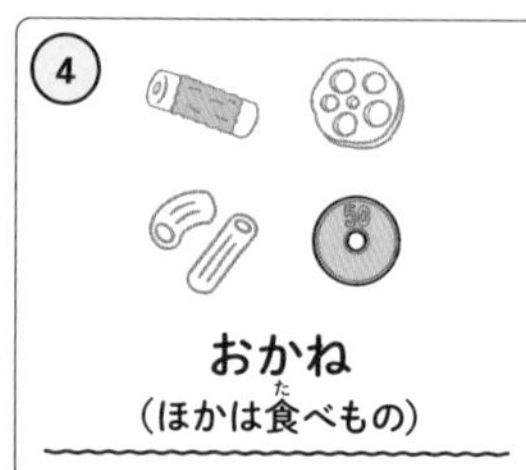
おかね
（ほかは食べもの）

⑤

足がない
（ほかは足がある）

⑥

履く
（ほかは着る）

⑦

ボールを使わない
（ほかはボールを使う）

⑧

夜は見えない
（ほかは夜に見える）

⑨

かざるもの
（ほかは遊び道具）

⑩

冬の食べもの
（ほかは夏の食べもの）

ほかのこたえの例

④ れんこん：穴がいっぱい（ほかは1つ）
⑥ ズボン：足をとおす（ほかは手をとおす）
⑧ くも：地球にある（ほかは宇宙にある）
⑩ かきごおり：氷菓子（ほかはくだもの） ＊ただし、メロンは野菜に分類されることがある。調べてみると面白い発見があるかも！
など、いろいろな考え方があっていい！

特徴さがし2 （問題 P42、43） ※こたえは1つとは限らないよ

①

手で弾く
（ほかは口で吹く）

②

具材をはさんでいない
（ほかは具材をはさんでいる）

③
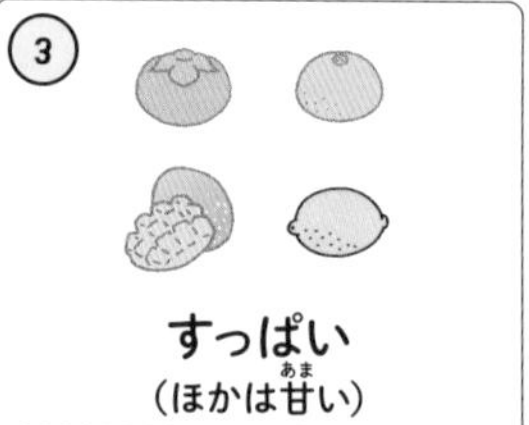
すっぱい
（ほかは甘い）

④

飛ぶ
（ほかは飛ばない）

⑤
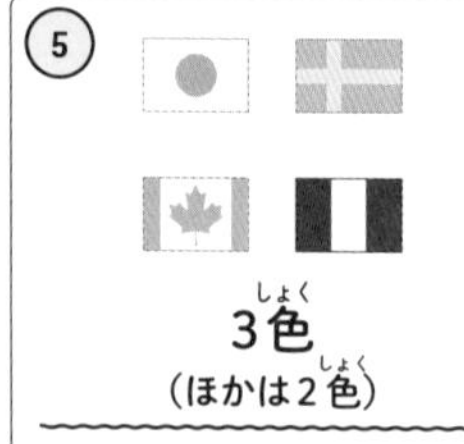
3色
（ほかは2色）

⑥

火で明かりをともす
（ほかは電気を使う）

⑦

「かぐやひめ」に出る
（ほかは「うらしまたろう」に出る）

⑧

目の悪い人が身につける
（ほかは寒いときに身につける）

⑨
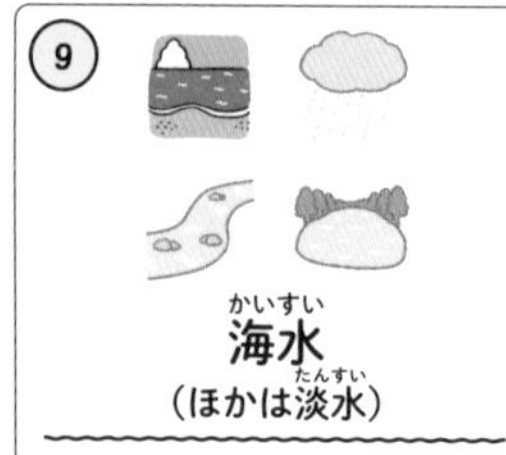
海水
（ほかは淡水）

⑩

模様がない
（ほかは体に模様がある）

ほかのこたえの例

① ピアノ：鍵盤楽器（ほかは管楽器）
③ みかん：手でむいて食べる（ほかは手でむけない）
⑤ 日本の国旗：タテの線がない（ほかはタテの線がある）
⑨ くも：空にある（ほかは地上にある）
など、表現はいくらでもある！

特徴さがし3 （問題 P44、45） ※こたえは1つとは限らないよ

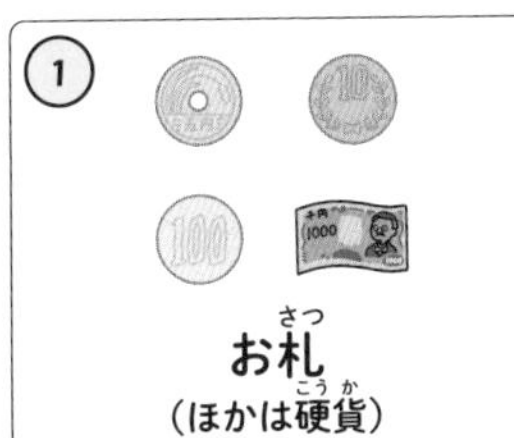

①お札
（ほかは硬貨）

②たべもの
（ほかはどうぶつ）

③ひとりで遊べない
（ほかはひとりで遊べる）

④飛べない
（ほかは飛べる）

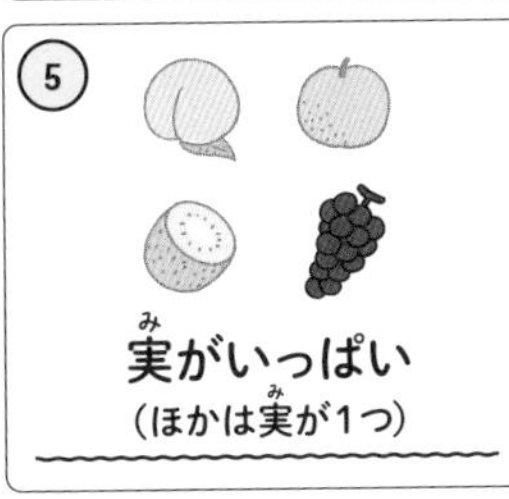

⑤実がいっぱい
（ほかは実が1つ）

⑥電気で動く
（ほかは電気を使わない）

⑦変態しない
（ほかは変態する）

⑧二本足で立つ
（ほかは立てない）

⑨「赤ずきん」に出てくる
（ほかは「シンデレラ」に出てくる）

⑩しっぽがない
（ほかはしっぽがある）

みんな答えが違って面白いね
面白い答え、思いついちゃった

ほかのこたえの例

① 1000円：四角い（ほかはまるい）
② きびだんご：5文字（ほかは2文字）
④ かも：泳ぐ（ほかは泳がない）
⑦ あり：空を飛ばない（ほかは空を飛ぶ）
など、人によって答え方が変わってくる！

消えた絵さがし1 （問題 P48〜51）

① 

② 

③ 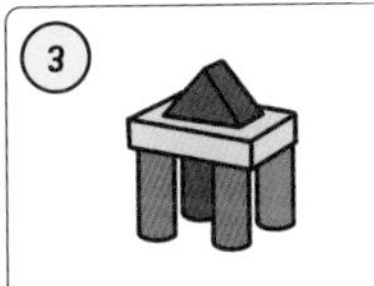

④ 

⑤ 

⑥ 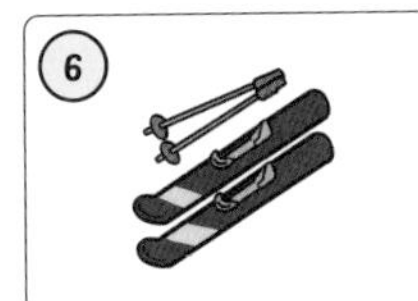

⑦ 

⑧ 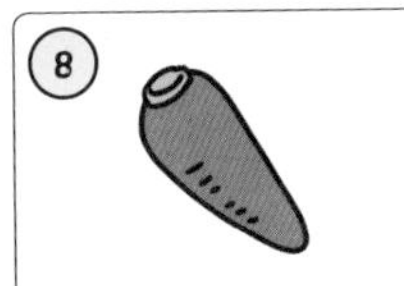

⑨ 

⑩ 

消(き)えた絵(え)さがし2 (問題 P52〜55)

① 
② 
③ 
④ 
⑤ 
⑥ 
⑦ 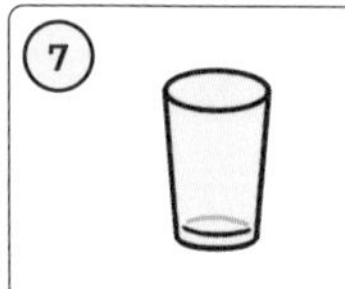
⑧ 
⑨ 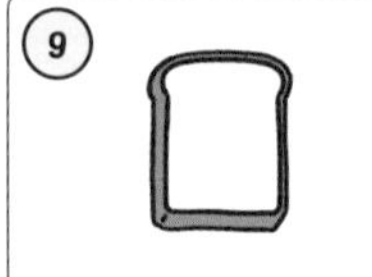
⑩ 

消(き)えた絵(え)さがし3 (問題 P56〜59)

① 
② 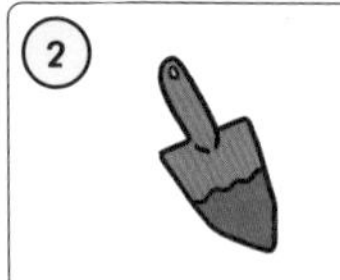
③ 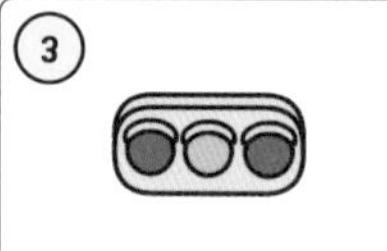
④ 
⑤ 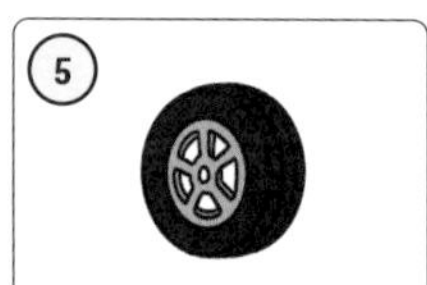
⑥ 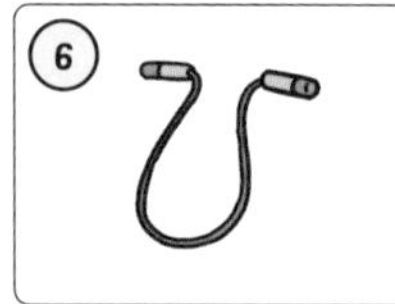
⑦ 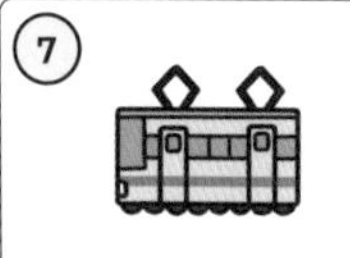
⑧ 
⑨ 
⑩ 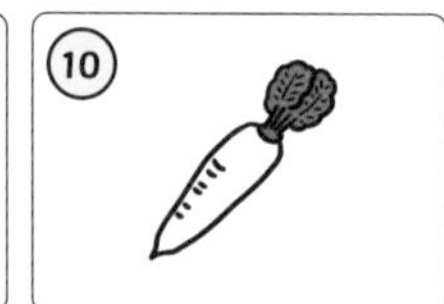

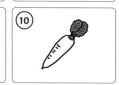

消(き)えた絵(え)さがし4 (問題 P60〜63)

① 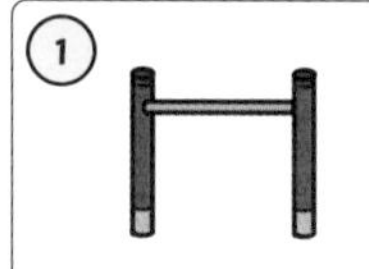
② 
③ 
④ 
⑤ 
⑥ 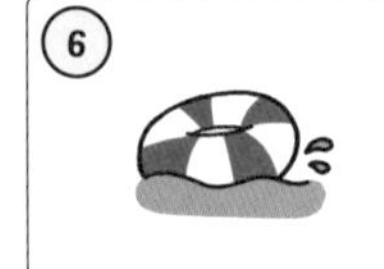
⑦ 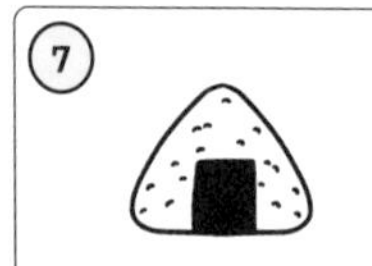
⑧ 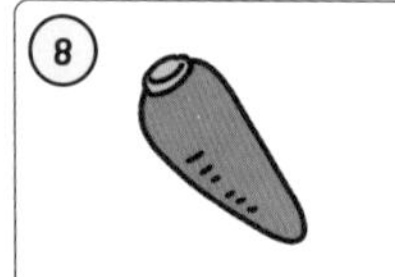
⑨ 
⑩ 

消(き)えた絵(え)さがし5 (問題 P64〜67)

① 
② 
③ 
④ 
⑤ 
⑥ 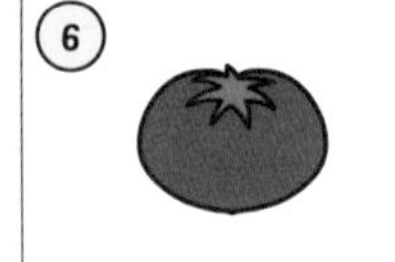
⑦ 
⑧ 
⑨ 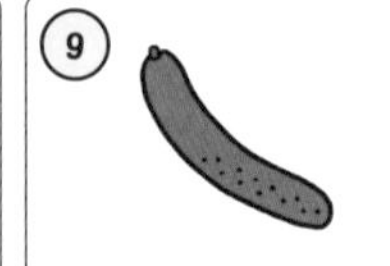
⑩ 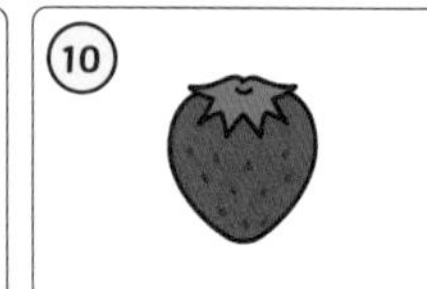

消えた絵さがし6（問題 P68〜71）

① 

② 

③ 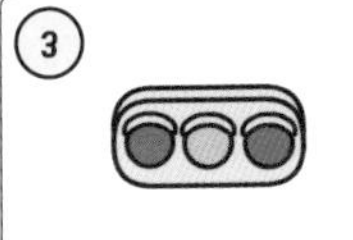

④ 

⑤ 

⑥ 

⑦ 

⑧ 

⑨ 

⑩ 

瞬間たし算1（問題 P74、75）

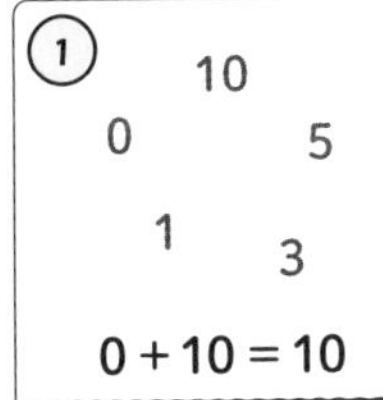

① 10 0 5 1 3 　0 + 10 = 10

② 4 6 3 5 8 　4 + 6 = 10

③ 5 2 4 8 7 　2 + 8 = 10

④ 3 5 7 8 9 　3 + 7 = 10

⑤ 9 2 6 5 1 　1 + 9 = 10

⑥ 2 5 1 7 11 　1 + 2 + 7 = 10

⑦ 3 6 5 8 1 　1 + 3 + 6 = 10

⑧ 1 5 3 2 10 　2 + 3 + 5 = 10

⑨ 1 4 11 8 5 　1 + 4 + 5 = 10

⑩ 1 2 3 4 10 　1 + 2 + 3 + 4 = 10

瞬間ひき算1（問題 P76、77）

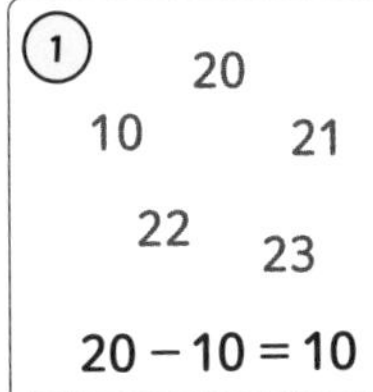

① 20 10 21 22 23 　20 − 10 = 10

② 55 5 45 4 22 　55 − 45 = 10

③ 39 33 24 15 23 　33 − 23 = 10

④ 25 14 20 35 11 　35 − 25 = 10

⑤ 28 26 8 6 18 　28 − 18 = 10

⑥ 2 19 20 21 11 　21 − 11 = 10

⑦ 6 14 22 28 30 　30 − 14 − 6 = 10

⑧ 3 14 6 15 2 　15 − 3 − 2 = 10

⑨ 20 6 18 4 1 　20 − 6 − 4 = 10

⑩ 29 20 12 8 7 　29 − 12 − 7 = 10

瞬間(しゅんかん)たし算(ざん) 2 (問題 P78、79)

①
5 9 6 7 8
5 + 6 = 11

②
9 10 1 12 5
1 + 10 = 11

③
11 7 13 4 6
4 + 7 = 11

④
13 6 9 5 14
5 + 6 = 11

⑤
8 11 3 5 7
3 + 8 = 11

⑥
3 4 2 9 16
2 + 9 = 11

⑦
1 2 4 8 16
1 + 2 + 8 = 11

⑧
7 9 6 3 1
1 + 3 + 7 = 11

⑨
4 6 2 1 12
1 + 4 + 6 = 11

⑩
2 3 1 5 16
1 + 2 + 3 + 5 = 11

瞬間(しゅんかん)ひき算(ざん) 2 (問題 P80、81)

①
14 8 3 30 18
14 − 3 = 11

②
15 4 11 5 21
15 − 4 = 11

③
2 9 5 14 20
20 − 9 = 11

④
1 2 16 5 8
16 − 5 = 11

⑤
18 3 4 20 17
18 − 4 − 3 = 11

⑥
1 18 6 25 9
18 − 6 − 1 = 11

⑦
11 30 4 5 20
20 − 5 − 4 = 11

⑧
32 3 20 6 10
20 − 6 − 3 = 11

⑨
12 22 7 8 30
30 − 12 − 7 = 11

⑩
2 5 11 18 25
18 − 5 − 2 = 11

瞬間たし算 3 （問題 P82、83） ※こたえが3つ以上の問題が1つあるかも!? さがしてみてね

①
7
11 8
12 5
8 + 11 = 19
7 + 12 = 19

②
14 5
6 2
17
5 + 14 = 19
2 + 17 = 19

③
1 3
16
9 10
3 + 16 = 19
9 + 10 = 19

④
3
10 9
11 5
9 + 10 = 19
3 + 5 + 11 = 19

⑤
1 4
2
16 17
1 + 2 + 16 = 19
2 + 17 = 19

⑥
1 6
2 5
13
6 + 13 = 19
1 + 5 + 13 = 19

⑦
2 17
11
6 4
2 + 17 = 19
2 + 6 + 11 = 19

⑧
4
3 1
15 16
1 + 3 + 15 = 19
4 + 15 = 19

⑨
1 4
10 5
15
4 + 15 = 19
4 + 5 + 10 = 19

⑩
11 6
5
3 2
3 + 5 + 11 = 19
2 + 6 + 11 = 19

瞬間ひき算 3 （問題 P84、85） ※こたえが3つ以上の問題が1つあるかも!? さがしてみてね

①
10
1 15
5 14
10 − 1 = 9
14 − 5 = 9

②
3 6
9 15
12
12 − 3 = 9
15 − 6 = 9

③
18 9
27
10 7
18 − 9 = 9
27 − 18 = 9

④
12
11 20
30 9
20 − 11 = 9
30 − 12 − 9 = 9

⑤
17 15
2
4 11
11 − 2 = 9
15 − 4 − 2 = 9

⑥
24 10
15 1
17
10 − 1 = 9
24 − 15 = 9

⑦
23 53
4
32 13
13 − 4 = 9
32 − 23 = 9

⑧
30
3 5
9 18
18 − 9 = 9
30 − 18 − 3 = 9

⑨
42 5
33 25
11
25 − 11 − 5 = 9
42 − 33 = 9

⑩
11 31
5
2 22
11 − 2 = 9
31 − 22 = 9

山中恵美子（やまなか・えみこ）

株式会社瞬読　代表取締役社長
EMI 高等学院　学院長

1971年生まれ、甲南大学法学部卒業。大学在学中に日本珠算連盟講師資格取得。卒業後、関西テレビ放送株式会社に勤務。2003年、そろばん塾を開校し、５教室でのべ2000人以上を指導。2009年、学習塾を開校。グループ30校舎で約２万5000人の生徒を送り出す。現在は、学習塾を経営する傍ら、こどもからビジネスパーソン、経営者、シニア層までに瞬読を伝え、分速38万字で読める人を出すなど、これまで６万人以上に指導している。瞬読は中学校、高校、各教育機関などで利用。テレビ「土曜はナニする!?」（カンテレ／フジ系）や「朝生ワイドす・またん！」（読売）など、多数のメディアに登場。著書に、『１冊３分で読めて、99%忘れない読書術 瞬読』（SB クリエイティブ）、『たった１分見るだけで頭がよくなる 瞬読式勉強法』『見るだけで脳がよくなる １分間瞬読ドリル』（共にダイヤモンド社）がある。
ウェブサイト：https://syundoku.jp/

見るだけで脳がよくなる
10秒間こども瞬読ドリル

2024年7月30日　第1刷発行

著　者　山中恵美子
発行所　ダイヤモンド社
〒150-8409　東京都渋谷区神宮前6-12-17
https://www.diamond.co.jp/
電話：03-5778-7233（編集）　03-5778-7240（販売）

装丁　小口翔平＋畑中茜（tobufune）
本文デザイン　岸和泉
イラスト　しゅんぶん
編集協力　狩野南
企画協力　若杉詩乃
書籍コーディネート　小山睦男（インプルーブ）
製作進行　ダイヤモンド・グラフィック社
印刷　ベクトル印刷
製本　ブックアート
編集担当　武井康一郎

ISBN 978-4-478-12059-0